www.ingramcontent.com/pod-product-compliance
Lightning Source LLC
LaVergne TN
LVHW010839051026
849532LV00007B/2754
* 9 7 8 9 3 6 9 0 8 3 8 8 6 *

دکن کے شعراء:

احوال و آثار

ڈاکٹر فاروق شکیل

© Taemeer Publications LLC
Deccan Ke Sho'araa: Ahwaal o Aasaar
by: Dr. Farooq Shakeel
Edition: January '2026
Publisher :
Taemeer Publications LLC (Michigan, USA / Hyderabad, India)

ISBN 978-93-6908-388-6
9 789369 083886

کتاب	:	**دکن کے شعراء: احوال و آثار**
مصنف	:	**ڈاکٹر فاروق شکیل**
ترتیب / تدوین	:	مکرم نیاز
صنف	:	شاعری / سوانح
ناشر	:	تعمیر پبلی کیشنز (حیدرآباد، انڈیا)
سالِ اشاعت	:	۲۰۲۶ء
صفحات	:	۹۶
سرورق ڈیزائن	:	تعمیر ویب ڈیزائن

فہرست

پیش لفظ

مکرم نیاز

ولیؔ نے دکن میں کہی تھی جو بات
وہی آج اردو کی پہچان ہے

یہ کتاب "دکن کے شعراء : احوال و آثار" دراصل دکن کی اس شعری روایت کا آئینہ ہے جو صدیوں سے زبان، تہذیب اور احساس کی ہم سفر رہی ہے۔ دکن کی سرزمین نے اردو کو محض الفاظ نہیں دیے بلکہ لہجہ، آہنگ اور زندگی کا وہ تجربہ عطا کیا جس نے اس زبان کو عوام کے دلوں تک پہنچایا۔ یہاں شاعری محلات کی زینت بھی بنی اور گلی کوچوں کی آواز بھی۔ دکن میں شاعر ہونا محض تخلیق کا عمل نہیں بلکہ ایک تہذیبی ذمہ داری رہا ہے، جس میں روایت کی پاسداری اور عہد کی سچائی، دونوں کا امتزاج نظر آتا ہے۔

قطب شاہی اور آصف جاہی عہد میں شاعری کو جو سرپرستی ملی، اس نے اردو کے ابتدائی خدوخال متعین کیے۔ عربی و فارسی کے امتزاج سے پیدا ہونے والی زبان نے دکن میں مقامی رنگ اختیار کیا اور اسی مقامی پن نے اردو کو وسعت بخشی۔

دکنی شاعری کی سب سے نمایاں خوبی اس کی سادگی، روانی اور حقیقت پسندی ہے۔ یہاں تصنع کے بجائے تجربہ بولتا ہے اور صناعی کے بجائے احساس۔ یہی سبب ہے کہ دکن کی شاعری میں فرد کے دکھ سے لے کر سماج کے کرب تک سب کچھ فطری انداز میں جلوہ گر ہوتا ہے۔

اگر ایک دور میں دکنی زبان کو نظر انداز کرنے کی کوششیں ہوئیں تو وقت نے خود اس کی تلافی کی۔ زبان عوام میں زندہ رہی اور بیسویں صدی میں حیدرآباد و اطراف کے شعرا نے اسے نئے فکری اور فنی امکانات سے ہم کنار کیا۔ جدید دکنی شاعری میں عشق کے ساتھ ساتھ سیاست، معاشرت، طبقاتی ناانصافی، تہذیبی زوال اور انسانی وقار جیسے موضوعات پوری شدت سے سامنے آئے۔ طنز، مزاح، استعاراتی اظہار اور علامتی فضا نے اس شاعری کو عصری حسیت سے جوڑ دیا، مگر اس رشتے میں کلاسیکی شعور کبھی منقطع نہ ہوا۔

زیرِ نظر کتاب اسی تسلسل کی معتبر دستاویز ہے۔ اس میں شامل مضامین محض سوانحی خاکے نہیں بلکہ شعرا کی شخصیت، فکری جہات اور فنی انفرادیت کو ان کے منتخب کلام کے ساتھ مربوط کر کے پیش کرتے ہیں۔ یوں قاری کو ہر شاعر کے داخلی اور خارجی دونوں جہانوں سے آشنائی حاصل ہوتی ہے، اور دکن کی شعری روایت ایک مربوط، زندہ اور متحرک صورت میں سامنے آتی ہے۔

ان مضامین کے مصنف ڈاکٹر فاروق شکیل، استادِ سخن حضرت سید نظیر علی عدیل کے فرزند و جانشین، خود بھی ایک معتبر شاعر، نقاد اور عروض دان ہیں۔ تقریباً نصف صدی پر محیط ان کا ادبی سفر، روایت اور جدت کے حسین امتزاج کی

مثال ہے۔ زیرِ نظر کتاب میں ان کے قلم سے دکن کے جن شعرا کا تذکرہ آیا ہے، ان میں راگھویندر راؤ جذب عالپوری، حیرت بدایونی، یوسف علی خلوص، شاہد صدیقی، سعید شہیدی، خورشید احمد جامی، علی احمد جلیلی، سلیمان اریب، خواجہ شوق، سید نظیر علی عدیل، جہاں دار افسر، محبوب علی خان اخگر، وقار خلیل، مغنی تبسم، تاج مہجور، قاضی انجم عارفی، ڈاکٹر وحید اختر، رضا وصفی، رؤف خلش اور اکبر الہ آبادی شامل ہیں۔ یہ کتاب دراصل ڈاکٹر فاروق شکیل کی علمی دیانت، ادبی وابستگی اور دکن سے گہری محبت کا ثمر ہے۔

اس کتاب کے صفحات میں دکن کی مٹی کی وہ خوشبو رچی ہے جو لفظوں کو محض معنی نہیں، حیات بخشتی ہے؛ یہاں شاعری یادِ ماضی نہیں بلکہ ایک جاری سانس ہے، جو دل سے دل تک سفر کرتی ہے اور قاری کو اسی لمحۂ کشف تک لے جاتی ہے جہاں زبان، تہذیب اور احساس ایک ہو جاتے ہیں۔

ولیؔ کے شعر سا دِل میں اُتر گیا میرے
دکن کی مِٹّی نے لفظوں کو سانس دی جیسے

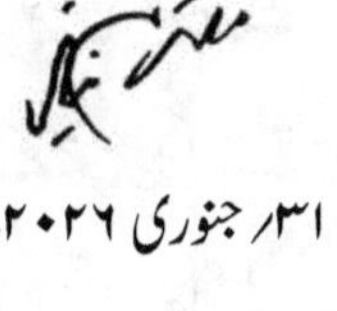

۳۱؍ جنوری ۲۰۲۶ء

استادِ سخن ڈاکٹر فاروق شکیل: شخصیت و شاعری کے آئینے میں

پروفیسر محمد علی اثر

ڈاکٹر فاروق شکیل دکن کے نامور استادِ سخن حضرت سید نظیر علی عدیل مرحوم کے فرزند و جانشین ہیں۔ اس اعتبار سے شاعری انہیں ورثے میں ملی ہے۔ حضرت عدیل کی تربیت و رہنمائی نے بچپن ہی سے ان کے اندر کے فنکار کو بیدار کر دیا اور وقت کے ساتھ ساتھ ان کی تخلیقی بصیرت جلا پاتی رہی۔ ڈاکٹر فاروق شکیل کا شعری سفر ۴۷ سال سے رواں دواں ہے، ان کی پہلی نظم "چاند پر انسان" ۱۹۶۹ء میں روزنامہ "ملاپ" میں شائع ہوئی تھی۔ ڈاکٹر فاروق شکیل نے چونکہ اپنے والد حضرت عدیل کے آگے زانوے تلمذ تہہ کیا تھا یہی سبب ہے کہ وہ عروضی و فنی نکات پر گہری نظر رکھتے ہیں اور شاعری میں مروج تمام قدیم و جدید اصناف میں طبع آزمائی کے جوہر دکھاتے ہیں۔ انہیں فن تاریخ گوئی جو کہ ایک مشکل ترین فن ہے، پر بھی دسترس حاصل ہے، انہوں نے کئی مشاہیر ادب کے شعری مجموعوں پر خوبصورت تاریخیں نکالی ہیں جو ان کے مجموعوں میں شامل ہیں۔ ان کا کلام ملک اور

بیرون ملک کے متعدد رسائل و جرائد میں شائع ہو چکا ہے۔ وہ کئی ادبی انجمنوں سے وابستہ ہیں۔ حال ہی میں عثمانیہ یونیورسٹی (یونیورسٹی گرانٹس کمیشن) کی جانب سے فن عروض پر منعقدہ کلاس میں بھی لکچر دے چکے ہیں اور اپنے تلامذہ کو بھی عروض کی تعلیم دے رہے ہیں۔

ڈاکٹر فاروق شکیل کا پہلا مجموعہ کلام "سفر سانسوں کا" ۱۹۹۴ء میں منظر عام پر آیا۔ دوسرا مجموعہ کلام "شاخِ ثمر بار" ۲۰۱۵ء میں شائع ہوا۔ اس کے علاوہ ان کے تنقید و تبصروں کا مجموعہ "تنقیدات" ۲۰۰۵ء میں شائع ہوا۔ انہوں نے اپنے والد کی دو کتابیں، 'نشاط الثانیہ' (حمد و نعت) اور "محاوراتِ عدیل" بھی شائع کئے۔

ڈاکٹر فاروق شکیل پیشے کے اعتبار سے مرکزی حکومت کے پوسٹل ڈپارٹمنٹ میں سب-پوسٹ ماسٹر کے عہدہ سے ۲۰۱۲ء میں وظیفہ حسن خدمت پر سبکدوش ہوئے۔ اپنی غیر شاعرانہ مصروفیات کے باوجود انہوں نے نہ تو شعر و ادب کے سوتوں کو خشک ہونے دیا اور نہ ہی اپنی تعلیم کے سلسلے کو منقطع کیا۔ دوران ملازمت ہی انہوں نے ایم اے کر کے راست پی ایچ ڈی میں داخلہ لیا اور اپنے دادا استاد حضرت صفی اورنگ آبادی کے دبستان پر مقالہ لکھ کر پی ایچ ڈی کی ڈگری حاصل کی۔ ڈاکٹر فاروق شکیل نہ صرف نمائندہ شاعر ہیں بلکہ نثر نگاری میں بھی انہیں ملکہ حاصل ہے۔ ان کی شاعری جتنی خوبصورت ہے نثر بھی اتنی ہی خوبصورت ہے۔ شعری مجموعوں پر ان کے تبصرے ان کی عروضی و فنی صلاحیتوں کے مظہر ہیں۔ تنقید بہت نرم لہجے میں کرتے ہیں اور یہ تنقید برائے اصلاح ہوتی ہے۔ اردو کے بیشتر شعراء کی طرح ڈاکٹر فاروق شکیل کا ابتدائی کلام روایتی حسن کا ترجمان ہے لیکن

روایت میں بھی ان کے لہجے میں خوبصورتی نظر آتی ہے۔ ان کی تخلیقی بصیرت اور مشق و مزادلت نے بہت جلد انہیں تازہ رجحانات اور عصری حسیت سے ہمکنار کر کے انفرادیت پانے والے شعراء کی صف میں شامل کر دیا ہے۔ ملاحظہ ہو۔

پہلے میں خود کو تھکانے کا ہنر سیکھ تو لوں
پھر یہ دیکھوں گا کہ تقدیر میں لکھا کیا ہے
اپنے اندر سے نکل آؤں میں کس کی خاطر
کوئی ملتا ہی نہیں جسم کے باہر اپنا
خطا پر ٹوکتا کوئی نہیں ہے
بدن کے گھر میں کیا کوئی نہیں ہے
لہو سے اُس کی سرخی چھین لی ہے
ہمارے دور کی آب و ہوا نے

ڈاکٹر فاروق شکیل نے اپنے احساسات و جذبات کو عام فہم زبان میں پیش کر کے دل نشین بنا دیا ہے۔ ان کا کلام جتنا دل نشین ہے، ترنم بھی اتنا ہی پُر کشش ہے۔ بہت کم شعراء ایسے ہوتے ہیں جن کے اشعار زبان زد عام و خاص ہو کر ان کی پہچان بن جاتے ہیں۔ ڈاکٹر فاروق شکیل کے دو شعر ایسے ہیں جو زبان زد عام و خاص ہو کر ان کی پہچان بن گئے ہیں۔ ملاحظہ ہو۔

زندگی سے کوئی دلچسپی نہ تھی ہم کو مگر
حادثے میں بچ گئے تو زندگی اچھی لگی

صحن میں دیوار اٹھنے ہی نہ دی
میں نے اس کے نام ہی گھر کردیا

ڈاکٹر فاروق شکیل نہ صرف غزل کے نمائندہ شاعر ہیں بلکہ نعت گوئی میں بھی انہوں نے اپنی الگ شناخت بنائی ہے۔ ان کی نعتوں میں بھی عصری حسیت اور جدیدیت ہے۔

جس ارض مقدس پر ہیں نقش قدم اُنؐ کے
کرنے کیلئے سجدے گرتے ہیں وہاں آنسو
یاد اُنؐ کی عبادت ہے کرتا ہے عبادت دل
سناٹے میں جب شب کے دیتے ہیں اذاں آنسو
نعت سوچوں تو ذہن میں میرے
فکر احرام باندھتی ہے میاں
چٹائی کی فضیلت دیکھ کر مغموم ہے اتنا
کہ خود کو کوستا رہتا ہے مخمل یا رسولؐ اللہ

ڈاکٹر فاروق شکیل کو ۲۰۰۹ء میں انڈین ایمبسی جدہ سعودی عرب کے مشاعروں میں بھی مدعو کیا گیا تھا۔ اردو اکیڈیمی تلنگانہ نے ۲۰۱۳ء میں "کارنامۂ حیات ایوارڈ" سے انہیں نوازا اور خاک طیبہ ٹرسٹ جدہ نے بھی انہیں ۲۰۱۳ء میں ایوارڈ سے نوازا ہے۔ ان کے تلامذہ کا حلقہ بھی وسیع ہے، اپنے تلامذہ سے ان کا برتاؤ انتہائی مشفقانہ ہے۔ اتنی خوبیوں کے باوجود تکبر نام کی کوئی چیز ان میں نظر نہیں

آتی۔ پیکر اخلاق و پیکر اخلاص ہیں۔ انتہائی مخلص اور نرم خو ہیں یہی وجہ ہے کہ ڈاکٹر فاروق شکیل ہر دل عزیز ہیں۔

ڈاکٹر فاروق شکیل کے چند خوبصورت اشعار پیش ہیں جو راست ذہن و دل پر اثر انداز ہوتے ہیں۔

ہو انا حد میں تو پہچان بنا دیتی ہے
حد سے بڑھ جائے تو نظروں سے گرا دیتی ہے

اندر کے آدمی کو بھی زندہ رکھیں گے ہم
جب تک رہے گی جسم میں سانسوں کی جائیداد

شاخ سے ٹوٹے ہوئے برگ سے پوچھو یہ شکیل
اپنے مرکز سے بچھڑ جانے سے ہوتا کیا ہے

بے ضمیری نے دولت بہت دی مگر
کاٹتا ہے اسے نرم بستر بہت

اب کوئی بھی برا نظر آتا نہیں شکیل
شاید مرے وجود میں اچھائی بڑھ گئی

***

۱

راگھویندر راؤ جذب عالمپوری

نام: راگھویندر راؤ، قلمی نام: جذب عالمپوری، پیدائش : ۲۰ اپریل ۱۸۸۴ء، وفات: ۲۸ ستمبر ۱۹۸۳ء، تعلیم: منشی فاضل، ادیب فاضل کے بعد جوڈیشل امتحان کامیاب کیا۔ راجہ رام نرسو سے فارسی اور سید مخدوم حسینی سے اردو اور عربی کی تعلیم حاصل کی۔

کتابیں : "ارمغانِ جذب " (شعری مجموعہ)۔ "آہنگ جذب" (شعری مجموعہ)"ساز غزل"(غزلیات کا مجموعہ)۔ خطاب: "خیامِ آندھرا"(آل انڈیا اردو مجلس کی جانب سے دیا گیا)

امجد حیدرآبادی کے بعد حیدرآباد کے رباعی گو شعراء کی فہرست میں جذب عالمپوری کا نام نمایاں ہے۔ ان کی مادری زبان کنڑی تھی لیکن تلگو نے ان کی پرورش کی اور اردو نے پروان چڑھایا۔ اردو سے بے حد محبت تھی یہی وجہ تھی کہ انہوں نے سنسکرت اور دوسری زبانوں کے ادب کو اردو میں منتقل کیا۔ جذب کے اعلیٰ افکار اور ان کی شاعری کی پاکیزگی سے متاثر ہو کر پروفیسر خواجہ احمد فاروقی رقم طراز ہیں "کلام استادانہ ہے اور اس لائق ہے کہ اسے لب ادب سے بوسہ دیا جائے"۔

کلام میں گہرائی و گیرائی اور موضوعات انسانیت، اخلاق اور نصیحت ہیں۔ سلاست اور سادگی سے کلام مزین ہے۔ اردو ادب میں جذب عالمپوری کے نام کو ہمیشہ یاد رکھا جائے گا۔

رباعیات

اخلاق کو تن سے ہے اگرچہ نسبت
دونوں میں بہت فرق ہے لیکن حضرت
تن ہے کہ بہت جلد فنا ہوتا ہے
قائم رہتی ہے انتہا تک سیرت

اصلاح جہاں کا کوئی لایا نہ مزاج
رکھنے والے بہت ہیں شاہانہ مزاج
جاتے رہے وہ لوگ جو دیوانے تھے
اب ہر دل دیوانہ ہے فرزانہ مزاج

منتخب اشعار

وہ ہے دوست اور وہ پیارا یہ سب کہنے کی باتیں ہیں
یہاں کوئی نہیں اپنا یہ سب کہنے کی باتیں ہیں

محبت ہو تو فکر ماسوا ہو ہی نہیں سکتی
وفائیں کیا جفائیں کیا ہے سب کہنے کی باتیں ہیں

وہ میری جان کے دشمن بنے ہیں

وفا یہ ہے تو باز آیا وفا سے
میں دور اندیش راہ عاشقی ہوں
خیالِ انتہا ہے ابتداء سے

غزل

حذر، ان بیدادِ و جفا سے
یہ خونِ بے گناہی کے ہیں پیاسے
یہ تیزی، یہ خرام حسن توبہ
وہ چلتے کیا ہیں لڑتے ہیں ہوا سے
پڑی دنیا میں بنیادِ حوادث
ہمارے آشیانے کی بنا سے
مرا دردِ منہاں اب تک نہ سمجھی
گلہ ہے اک نگاہِ آشنا سے
مٹا اتنا مجھے ائے خاکساری
کہ مل جاؤں کسی کے نقش پا سے
مسلم خادم اردو ہوں ائے جذب
فدا کارانِ اردو کی دعا سے

***

۲

حیرت بدایونی

اصل نام: سید حسن، قلمی نام: حیرت بدایونی، پیدائش : ۱۵ ربیع الاول ۱۸۹۴ء، وفات : ۱۵ فروری ۱۹۷۵ء، تعلیم : گھر پر فارسی کی تعلیم، مدرسہ شمس العلوم اور مدرسہ قادریہ (بدایوں) سے عربی نصاب کی تکمیل، الہ آباد یونیورسٹی سے ملا کا امتحان اور پنجاب یونیورسٹی سے مولوی عالم، منشی فاضل اور مولوی فاضل کا امتحان کامیاب کیا۔ کتابیں : "ایربق" (فارسی کلام) "آئینہ" اردو مجموعہ کلام۔ اس کے علاوہ بچوں کیلئے بھی کئی کتابیں لکھیں۔

حیرت بدایونی کے جد اعلیٰ قاضی محمد جلیس سے شہنشاہ اورنگ زیب نے فتاویٰ عالمگیری مرتب کروائی تھی۔ حیرت بدایونی کو شاعری ورثے میں ملی تھی، ان کے دادا، والد چچا اور بھائی بھی شاعر تھے۔ انہیں فن عروض اور زبان و بیان پر قدرت حاصل تھی۔ کلام میں استادانہ رنگ تھا۔ فارسی اور اردو دونوں زبانوں میں ان کا کلام ہے۔ کلام میں گہرائی و گیرائی ہے اور کلاسیکیت سے بھرپور ہے۔ حیرت بدایونی بڑے وضع دار، خوش گو، بذلہ سنج بزرگ تھے، ان کی حاضر جوابی اور شگفتہ مزاجی مشہور تھی۔ ان کے دو فرزندان اور ایک صاحبزادی نے دنیائے علم و ادب میں بڑی

شہرت حاصل کی۔ افضل محمد وائس چانسلر ڈاکٹر بی آر امبیڈکر یونیورسٹی اور JNTU کے وائس چانسلر تھے۔

ایک اور فرزند احمد جلیس ڈائرکٹر دوردرشن بنگلور تھے اور صاحبزادی ممتاز افسانہ نگار پدم شری ڈاکٹر جیلانی بانو ہیں۔ حیرت بدایونی مشہور و معروف ماہر نشریات و ممتاز شاعر اسلم فرشوریؔ کے پھوپا تھے۔ حیرت بدایونی نے حیدرآباد کی شعری، ادبی، علمی اور تہذیبی زندگی میں اپنے گہرے نقوش ثبت کئے ہیں۔

منتخب اشعار:

کسی سے بھی بلندی عشق کی جانی نہیں جاتی
خرد بھی ماورائے حدِ امکانی نہیں جاتی

اسی کو چاہتا ہے جس نے ٹکڑے کردیئے دل کے
نہیں جاتی دل ناداں کی نادانی نہیں جاتی

شکستوں پر شکستیں زندگی بھر میں نے کھائی ہیں
مگر پھر بھی تمناؤں کی طغیانی نہیں جاتی

تری ہستی بھی وہ ناقابلِ انکار ہستی ہے
وہاں سنوائی جاتی ہے جہاں مانی نہیں جاتی

کچھ ایسی چھا گئی ہیں عشق کی نیرنگیاں حیرت
کہ مجھ سے بھی اب اپنی شکل پہچانی نہیں جاتی

خبر سنی جو قفس میں بہار آنے کی
نظر میں پھر گئی تصویر آشیانے کی

طلوعِ صبح بھی دیکھا فروغِ ایمن بھی
مگر وہ بات کہاں اُن کے مسکرانے کی
عجلتِ عرضِ تمنا وجہۂ رسوائی ہوئی
اے دلِ ناداں تجھی سے ناشکیبائی ہوئی
میری ہستی ہے ترے موجود ہونے کی دلیل
میری زیبائی سے تیری جلوہ آرائی ہوئی

غزل

نئے فتنے اُٹھاتے انقلابِ بحر و بر کرتے
وہ آتے ہیں نظام دہر کو زیر و زبر کرتے
کفایت ایک ہی آنسو پہ کی تھی اور رخصت ہوگئے
ہم اپنی داستاں آخر کہاں تک مختصر کرتے
جو اُن کی نرگسِ مخمور کا دیدار ہوجاتا
انہیں آنکھوں سے ہم بھی سیر دنیائے دگر کرتے
ہم آئے ہیں نئی دنیا سے جانا ہے نئی دنیا
جہانِ رنگ و بو میں بھی نکل آئے سفر کرتے
خبر ہوتی کہ دل خود جلوہ گاہِ خاص ہے ان کی
تو پھر حیرت ہم ان کی جستجو کیوں در بدر کرتے

***

۳

یوسف علی خلوص

نام: محمد یوسف علی، قلمی نام: یوسف علی خلوص، پیدائش: ۱۹۰۱ء، تعلیم: فارسی کی تعلیم حضرت کیفی حیدرآبادی سے حاصل کی۔ یوسف علی خلوص معلم مدرسۂ دینیات مندامری عادل آباد رہے اور مندامری، سیلم پلی لکشٹی پیٹ، رام کشٹا پور وغیرہ کے قاضی بھی رہے۔ انہوں نے اپنی زندگی کا بیشتر حصہ بیرون حیدرآباد گزارا، ملازمتوں کے سلسلے میں پربھنی، ورنگل، سنگاریڈی وغیرہ میں بھی مقیم رہے۔ عدالت العالیہ امور مذہبی سے بھی وابستہ رہے اور آخر میں ہائیکورٹ سے وظیفہ حسن خدمت پر سبکدوش ہوئے۔ یوسف علی خلوص کہنہ مشق شاعر تھے لیکن وہ صرف مخصوص حلقہ احباب کی محفلوں ہی میں کلام سناتے تھے اور گمنامی کی زندگی کو اس دورِ تشہیر میں ضمیر فروشی سے ہونے والی ناموری پر مقدم سمجھتے تھے۔ ادبی سیاست نے انہیں آگے بڑھنے کا موقع نہیں دیا۔ یوسف علی خلوص حضرت صفی اورنگ آبادی کے دورِ اول کے تلامذہ میں شامل تھے۔ ان کے کلام میں بھی مکتب صفی کی خصوصیات سلاست، فصاحت، بلاغت، محاور بندی اور ضرب الامثال موجود

تھیں۔ ان کا کوئی مجموعہ کلام منظر عام پر نہ آسکا۔ ان کے فرزند ارجمند، **محمد صدیق علی** (صحافی) نے اپنے والد کا کلام مہیا کیا۔

منتخب غزلیات

حادثے پر حادثہ افتاد پر افتاد ہے
زندگی دنیا کی یا رب کتنی بے بنیاد ہے
کب گری دل پر مرے بجلی نہیں اس کا خیال
مسکرا کراس نے دیکھا تھا بس اتنا یاد ہے
ساتھ ان کے، ان کے حسن و عشق کے چرچے گئے
اب نہ وہ مجنوں نہ وہ یوسف نہ وہ فرہاد ہے
بیکسی میں کوئی اپنا پوچھنے والا نہیں
دل جو اک مونس ہے خود اپنی جگہ ناشاد ہے
دیکھ کر دنیائے مطلب آشنا کوائے خلوص
کنج تنہائی ہے اب میں ہوں خدا کی یاد ہے

اک نظر تجھ کو جوائے انجمن آرا دیکھے
دونوں عالم کو نظر میں تہہ و بالا دیکھے

ناز بردار کوئی ناز اٹھائے تیرے
اور انداز کوئی دیکھنے والا دیکھے

آج کل دل میں ہے بس ایک یہ ارمان خلوص
جس کو میں دیکھ رہا ہوں اسے دنیا دیکھے

پوشیدہ وہ نگاہ سے میری کہاں رہے
میں سایہ بن کے ساتھ رہا وہ جہاں رہے

ٹھکرا کے میری قبر کو کہتا ہے وہ شریر
آخر ہمارے آنے کا کچھ تو نشاں رہے

مطلب زباں پہ آ نہ سکا رعبِ حُسن سے
ہم اس کی بزم میں جو رہے بے زباں رہے

بے یار و غمگسار ہی اپنی کٹی خلوص
دنیا میں مثلِ یوسفِ بے کارواں رہے

اس کو سمجھ جو سمجھ سے دور ہے
معرفت کا ایک ہی دستور ہے

کون سمجھے عقل خود معذور ہے
پاس وہ جتنا ہے اتنا دور ہے

بندہ سب کچھ ہو کے پھر کچھ بھی نہیں
اس طرح مختار یوں مجبور ہے

شیخ صاحب غیر میں سمجھوں کسے
ذرے ذرے میں اسی کا نور ہے
کیوں ہے تو تسکین کا طالب خلوص
دل تڑپنے کیلئے مامور ہے

***

۴

شاہد صدیقی

نام: عبدالمتین، قلمی نام: شاہد صدیقی، تاریخ پیدائش : ۱۹۱۱ء، وفات: یکم اگست ۱۹۶۲ء، تعلیم: ہائی اسکول تک، کتابیں: "چراغ منزل" (شعری مجموعہ)۔ شیشہ و تیشہ کے کالم کی منتخب مزاحیہ نگارشات کا مجموعہ "شیشہ و تیشہ"۔ شاہد صدیقی نہ صرف نامور شاعر تھے بلکہ بہترین نثر نگار اور نقاد بھی تھے۔ شاعری اور نثر نگاری میں ان کا رخش قلم اپنے جوہر دکھاتا تھا۔ دنیائے صحافت میں بھی انہوں نے اپنی صلاحیتوں کا لوہا منوایا۔ ابتداء میں مختلف اخبارات میں اپنی خدمات انجام دیں۔ پھر روزنامہ "سیاست" سے وابستہ ہوئے اور مشہور مزاحیہ کالم "شیشہ و تیشہ" کے عنوان سے آخری دم تک لکھتے رہے۔ "شیشہ و تیشہ" کے مستقل کالم کے علاوہ شاعر سیاست کے نام سے مزاحیہ نظمیں بھی لکھا کرتے تھے۔ شاہد صدیقی نے غزل کو معنویت کا لباس پہنایا ہے۔ ان کی شاعری میں اسلوب کی جدت ندرت اور کلام کی تازگی اور شگفتگی اپنی پوری توانائی کے ساتھ جلوہ گر نظر آتی ہے۔

منتخب اشعار

جو کھو گئے ہیں اجالوں میں ان کو کیا معلوم
کہ ظلمتوں سے بھی ہوتا ہے راستہ معلوم

کچھ اس طرح مری دنیا پہ چھا گیا کوئی
مجھی کو میری نظر سے چھپا گیا کوئی

یہ رنج ہے کہ میں رودادِ شوق کہہ نہ سکا
خوشی یہ ہے مرا مفہوم پا گیا کوئی

کون سمجھے اثرِ سوزِ محبت شاہد
یہ وہ بجلی ہے جو گرتی ہے نہ لہراتی ہے

نئی زندگی کی ہوا چلی تو کئی نقاب اُتر گئے
جنہیں انقلاب سے پیار تھا وہی انقلاب سے ڈر گئے

اے قافلے والو سچ کہنا بے وجہ تو ہم ناکام نہیں
منزل کا تصور عام سہی منزل کی محبت عام نہیں

کب روح کی آنکھیں کھلتی ہیں احباب کو کیونکر سمجھاؤں
میں نے جسے اکثر دیکھا ہے افسوس وہ جلوہ عام نہیں

رودادِ جدائی کیا کہئے اس طرح بھی کچھ دن گزرے ہیں
ہر صبح سے پوچھا ہے میں نے اب اور تو کوئی شام نہیں

یہ لطفِ کشاکش کیا کم ہے سامانِ سکوں حاصل نہ سہی

کشتی کا کوئی وارث تو ملا طوفاں ہی سہی ساحل نہ سہی
ماضی کی فسردہ یادوں سے کیوں خون کریں مستقبل کا
محفل تو سجانی لازم ہے وہ پہلی سی محفل نہ سہی

ان کو منظور نہیں درد کا رسوا ہونا
آہ کرتا ہوں تو آواز بدل جاتی ہے
غمِ جاناں کو غمِ دہر سے بہلاتا ہوں
زندگی مصلحت اندیش ہوئی جاتی ہے

غزل

مستیوں کے دامن میں انقلاب پلتے ہیں
میکشوں کی لغزش سے میکدے سنبھلتے ہیں
کیوں ہمارے ساتھ ایسے سست گام چلتے ہیں
جو سفر سے گھبراکر راستے بدلتے ہیں
ظلمتیں اجالوں پر فتح پا نہیں سکتیں
اک چراغ بجھتا ہے سو چراغ جلتے ہیں
دیکھئے کہاں پہنچیں یہ سفر کے دیوانے
آسماں کو تکتے ہیں اور زمیں پہ چلتے ہیں
کیا ہوا جو ساکن ہے آج سطح دریا کی

تہہ میں کتنے ہی طوفاں کروٹیں بدلتے ہیں
زندگی کو ڈھلنا ہے آج ان کے سانچوں میں
زندگی کی گرمی سے جن کے دل پگھلتے ہیں
ایک پل کے رکنے سے دور ہوگئی منزل
صرف ہم نہیں چلتے راستے بھی چلتے ہیں
آشنا ہیں پروانے سوزِ غم کی عظمت سے
شمع ہو تو جلتے ہیں اور نہ ہو تو جلتے ہیں

***

۵

سعید شہیدی

نام: میر عابد علی، تخلص: سعید، قلمی نام: سعید شہیدی، تاریخ پیدائش: ۱۴ جولائی ۱۹۱۴ء، تعلیم: ایف اے، تاریخ وفات: ۱۵ مئی ۲۰۰۰ء، کتابیں: "خاکِ شفا" (سلام، مرثیے، نوحے)، عرفانِ وفا، (منقبتیں)، کوثر و تسنیم، (حمد، نعت، قصائد)، اے رات ذرا آہستہ گزر، (سلام، نوحے)، کوثر پر ہم ملیں گے (قصائد)، "برق و آشیاں (غزلیں، شفق، (غزلیں)، آفتاب غزل، (غزلیں) "کف گل فروش" (غزلیں)، "سرِ شام (غزلیں)، اسفار: پاکستان، لندن، کویت، دوحہ قطر۔

سعید شہیدی، شہید یار جنگ کے فرزند ارجمند تھے جو نواب میر عثمان علی خاں نظام ہفتم کے مشیر خاص تھے اور شہید یار جنگ کے لقب سے نوازے گئے تھے۔ سعید شہیدی کئی حیثیتوں سے ممتاز تھے، نہ صرف وہ بڑے باپ کے بیٹے تھے بلکہ انہوں نے خاندانی وجاہت کے ساتھ علم و ادب کے چراغ کو بھی روشن رکھا۔ ڈاکٹر وحید اختر رقم طراز ہیں: سعید شہیدی نے روایتی غزل کی لفظیات کو اپنے انفرادی مجربات اور اپنے عہد کے شعور کے اظہار کا ذریعہ بنایا ہے۔ یہی ان کی غزل کی منفرد خصوصیت ہے جس کی وجہ سے حیدرآباد کے روایتی غزل نگاروں کے ہجوم

میں اپنے لہجے اور اپنی لفظیات کی بنا پر الگ پہچان لئے جاتے ہیں۔ سعید شہیدی نے روایت کا احترام کیا ہے۔ غزل کے حسن کو روایتی حسن سے اس طرح سنوارا کہ ایک زمانے کو گرویدہ کرلیا۔ نہایت عام فہم زبان سادگی اور سلاست سے بھرپور۔ یہی وجہ ہے کہ ان کے کلام کو ہندوستان کے مشہور فنکاروں نے دلنشین دھنوں میں پیش کر کے مقبول کر دیا جن میں قابل ذکر بیگم اختر، جگجیت سنگھ، رؤف، وٹھل راؤ، طلعت عزیز وغیرہ ہیں۔ سعید شہیدی کے فرزند دل بند رشید شہیدی نے اپنے والد کی وراثت کی حفاظت کی ہے اور "بزم سعید" قائم کی ہے جس کے تحت اکثر مشاعروں کا انعقاد بھی عمل میں آیا ہے۔ رشید شہیدی خود جدید لب ولہجہ کے منفرد شاعر ہیں۔ انہوں نے اپنے والد کی صد سالہ تقاریب منانے کا فیصلہ کیا ہے جو عنقریب منعقد ہونے والی ہیں۔ سعید شہیدی کا دور شعر و ادب کا سنہری دور تھا ان کے بغیر بڑے مشاعروں کا تصور بھی نہیں کیا جاتا تھا۔ ان کے بغیر حیدرآباد کی ادبی تاریخ ادھوری ہے۔

منتخب اشعار

نشیمن پر نشیمن اس قدر تعمیر کرتا جا
کہ بجلی گرتے گرتے آپ خود بیزار ہو جائے

اہلِ حق کی فطرت ہے، حق پہ آنچ جب آئے
سر کٹا تو سکتے ہیں سر جھکا نہیں سکتے

کیسے سکون پاؤں تجھے دیکھنے کے بعد
اب کیا غزل سناؤں تجھے دیکھنے کے بعد

اللہ جانے پھر یہ اندھیرا ہے کس لئے
آیا تھا انقلاب اجالا لئے ہوئے

ہنساتے ہیں مجھ کو رلانے سے پہلے
بنانے کی کوشش مٹانے سے پہلے

سعید اچھی تھی پہلی بے قراری
سکوں سے اور جی گھبرا رہا ہے

شبِ فراق تم آئے تو یوں ہوا محسوس
کہ جیسے جاگتی آنکھوں سے خواب دیکھا ہے

ہمیں یاد آ آ کے تڑپانے والے
تجھے بھی جو ہم یاد آئیں تو کیا ہو

بہار آنے میں عرصہ ہے مانتا ہوں میں
اگر چمن میں کوئی آگیا تو کیا ہوگا

نہ فصلِ گل کی خطا ہے نہ بادلوں کا قصور
تری نظر نے بنایا ہے بادہ خوار مجھے

ابھی ابتدائی منازل ہیں غم کے
ابھی مسکرانے کی زحمت نہ کیجئے

اللہ اللہ میرے مرنے پر
ہورہا ہے زمیں کا سینہ چاک

غزل

دل جو وقفِ ستم ہوگیا
بے نیازِ کرم ہوگیا
حاجتِ چارہ گر اب نہیں
خود بخود درد کم ہوگیا
دل میں اب تم ہو ارماں نہیں
بتکدہ بھی حرم ہوگیا
جس نے غم کی اُڑائی ہنسی
خود گرفتارِ غم ہوگیا
دور نظروں سے جب وہ ہوئے
فاصلہ دل سے کم ہوگیا
ربط تھا برق سے اس قدر
آشیاں اس میں ضم ہوگیا
اصل میں ہے وہ انساں سعید
جس کو ادراکِ غم ہوگیا

***

۶

خورشید احمد جامی

نام:خورشید احمد، قلمی نام:خورشید احمد جامی، پیدائش ۱۹۱۵ء(پر بھنی)،وفات : ۸ مارچ ۱۹۷۰ء، تعلیم : منشی فاضل پنجاب یونیورسٹی (لاہور)، اساتذہ : فصاحت جنگ جلیل، مہدی حسن الم، علی اختر، جوش ملیح آبادی، شعری مجموعے :"رخسار سحر"،"برگ آوارہ"،"یاد کی خوشبو"۔

خورشید احمد جامی نے حیدرآباد کے ادبی افق پر جدید شاعری کے ستاروں کو روشن کیا ہے۔ جامی پہلے شاعر ہیں جنہوں نے حیدر آباد میں جدیدیت کی بنیاد ڈالی اوراپنی انفرادیت کے چراغ جلاکر اردو کی تمام بستیوں کو نہ صرف متوجہ کیا بلکہ اپنی خوبصورت جدید شاعری کے ارتسامات بھی ثبت کر دیئے۔ خورشید احمد جامی کی شاعری میں استعارات اور پیکر تراشی ہونے کے باوجود قابل فہم جدیدیت ہے۔ یہی وجہ ہے کہ ان کے اشعار زبانِ زد عوام وخاص ہیں۔ نئ لفظیات نئ تراکیب نے ان کی شاعری میں حسن بھر دیا ہے۔ جامی خوش لباس، خوش گفتار، خوش اخلاق اور ملنسار بھی تھے۔ حلقۂ تلامذہ بھی وسیع تھا۔ حیدرآباد کی ادبی تاریخ میں جدیدیت کے حوالے سے خورشید احمد جامی کانام سرفہرست ہے اور رہے گا۔

منتخب اشعار

سحر کا حُسن گلوں کا شباب دیتا ہوں
نئی غزل کو نئی آب و تاب دیتا ہوں

دیارِ شعر میں جامی قبول کر نہ سکا
مرا مذاق روایت کی حکمرانی کو

لے کے پھرتی ہیں آندھیاں جس کو
زندگی ہے وہ برگِ آوارہ

بے خواب دریچوں میں کسی رنگ محل کے
فانوس جلائے ہیں اُمیدوں نے غزل کے

یہ بھی درست ہے کہ تجھے میں بھلا چکا
یہ بھی غلط نہیں کہ مری زندگی ہے تو

کوئی ہلچل ہے نہ آہٹ نہ صدا ہے کوئی
دل کی دہلیز پہ چپ چاپ کھڑا ہے کوئی

جاگتے غم بھی نہیں جھومتے سائے بھی نہیں
ساتھ اپنے بھی نہیں اور پرائے بھی نہیں

اک عمر ساتھ ساتھ مرے زندگی رہی
لیکن کسی بخیل کی دولت بنی رہی

چمکتے خواب ملتے ہیں مہکتے پیار ملتے ہیں

تمہارے شہر میں کتنے حسیں آزار ملتے ہیں

رات کے چیختے اندھیروں میں
میرے فن کا چراغ جلتا ہے

غزل

زمیں پہ چاند اُترتا دکھائی دیتا ہے
ترا خیال بھی تجھ سا دکھائی دیتا ہے
جو ساتھ لے کے چلا تھا ہزار ہنگامے
وہ شخص آج اکیلا دکھائی دیتا ہے
ہوا چلی تو اندھیروں کی آگ تیز ہوئی
ہر ایک خواب پگھلتا دکھائی دیتا ہے
بڑے عجیب ہیں یہ درد و غم کے رشتے بھی
کہ جس کو دیکھئے اپنا دکھائی دیتا ہے
بدلتے جاتے ہیں الفاظ صورتیں اپنی
چلو تو یہ بھی تماشا دکھائی دیتا ہے
دیارِ شوق ہو یا دشتِ بیکراں جامی
کہاں کہاں کوئی تنہا دکھائی دیتا ہے

***

۷

علی احمد جلیلی

نام: علی احمد، قلمی نام: علی احمد جلیلی، پیدائش : ۲۲ جون ۱۹۲۱ء، وفات: ۱۳ اپریل ۲۰۰۵ء، تعلیم: پی ایچ ڈی، تلمیذ: فصاحت جنگ جلیل، شعری مجموعے: "لہو کی آنچ" (۱۹۶۹ء)، "ذکر حبیب" نعتیہ مجموعہ (۲۰۰۰ء)۔

شاہانِ دکن آصف سادس نواب میر محبوب علی خان بہادر اور آصف جاہ سابع نواب میر عثمان علی خان بہادر کے استاد فصاحت جنگ جلیل مانکپوری کے فرزند ارجمند علی احمد جلیلی کا نام حیدرآباد کی ادبی تاریخ میں نمایاں نظر آتا ہے۔ علی احمد جلیلی نے نہ صرف اپنی ادبی وراثت کی حفاظت کی بلکہ اسے جلا بھی بخشی۔ انہوں نے گیسوئے غزل کے روایتی حسن کو برقرار رکھتے ہوئے اس میں عصری حسیت کے ستارے بھی ٹانکے۔ زبان کا حسن، تغزل کی رعنائی، سادگی و پرکاری اور عصری حسیت سے مالا مال علی احمد جلیلی کی شاعری کی مہک ہمیشہ تشنگان شعر و ادب کے ذہن و دل کو مہکاتی رہے گی۔ ان کے تلامذہ کا حلقہ بھی دور دور تک پھیلا ہوا ہے۔ ڈاکٹر سلیم عابدی، جگجیون لال، آستھانہ سحر، صادق فریدی، شکیب رزمی اور حلیم بابر، علی احمد جلیلی کے وہ تلامذہ ہیں جو ان کے مکتب کے چراغ کو پوری آب و تاب

سے روشن رکھے ہوئے ہیں۔ علی احمد جلیلی نے جہاں شاعری کا قیمتی سرمایہ ادب کو دیا ہے وہیں ان کی نثری و فنی تخلیقات بھی ادب میں اضافہ ثابت ہوئے ہیں جیسے "نئی غزل میں منفی رجحانات، "نقد و نگاہ" "غالب ایک مطالعہ "اردو غزل میں ہندی کے اثرات" اور "اردو تلفظ ندات" علی احمد جلیلی نے زندگی بھر شعر و ادب کی آبیاری کی ہے۔ دکن کی تاریخ انہیں کبھی فراموش نہیں کر سکتی۔ انہیں اردو اکیڈیمی تلنگانہ نے مخدوم ایوارڈ اور کارنامۂ حیات ایوارڈ سے بھی نوازا ہے۔

منتخب اشعار

کاٹی ہے غم کی رات بڑے احترام سے
اکثر بجھادیا ہے چراغوں کو شام سے

غم سے منسوب کروں درد کا رشتہ دے دوں
زندگی آ تجھے جینے کا سلیقہ دے دوں

دور تک دل میں دکھائی نہیں دیتا کوئی
ایسے ویرانے میں اب کس کو صدا دی جائے

ایک تحریر جو اس کے ہاتھوں کی تھی
بات وہ مجھ سے کرتی رہی رات بھر

کیا اسی واسطے سینچا تھا لہو سے اپنے
جب سنور جائے چمن آگ لگادی جائے

کناروں سے مجھے اےئ ناخداؤں دور ہی رکھو
وہاں لے کر چلو طوفاں جہاں سے اٹھنے والا ہے

روکے سے کہیں حادثہ وقت رکا ہے
شعلوں سے بچا شہر تو شبنم سے جلا ہے
موج خوں میں قلم ڈبولینا
اے علی جب غزل لکھا کرنا
ہم مسیحاؤں کی گلی سے علی
لاش اپنی اٹھاکے لائے ہیں
ایک بھی سانس ان کی اپنی نہیں
اپنے ہونے پہ ہے غرور جنہیں
حالات کی اس بھیڑ میں امید اکیلی
صحرا میں کسی پیڑ کا سایا سا لگے ہے
تمام عمر ہتھیلی میں سنسناتا ہے
وہ ہاتھ، ہاتھ میں آکر جو چھوٹ جاتا ہے
اس رنگِ تغزل پہ علی چھاپ ہے میری
یہ ذوقِ سخن مجھ کو وراثت میں ملا ہے

غزل

چاند سورج کی نگاہوں سے چھپاؤ مجھ کو
تیرگی ہوں میں اجالوں میں نہ لاؤ مجھ کو
کون ہوں کیا ہوں میں آئینہ دکھاؤ مجھ کو

میں بھی دیکھوں تو ذرا سامنے لاؤ مجھ کو
ٹوٹنے میں ہے جو لذت وہ بکھرنے میں ہے کہاں
فرشِ گل پر نہیں پتھر پہ گراؤ مجھ کو
خاک اڑائی تھی جہاں اہل چمن نے میری
لے چلو پھر وہیں اک بار ہواؤ مجھ کو
جو دکھاتے ہیں علی سب کو نشانِ منزل
میں وہی نقشِ قدم ہوں نہ مٹاؤ مجھ کو

***

۸

سلیمان اریب

نام: محمد بن سلیمان، قلمی نام: سلیمان اریب۔ پیدائش ۵ اپریل ۱۹۲۲ء۔
وفات ۸ ستمبر ۱۹۷۰ء۔ کتابیں "پاس گریباں" ۱۹۶۱ء، "کڑوی خوشبو" ۱۹۷۳ء

سلیمان اریب ترقی پسند تحریک سے وابستہ تھے۔ انسان کا استحصال کرنے والے سماج کے خلاف بغاوت، انسانی زندگی میں پیش آنے والے دکھ درد اور ناانصافی ان کی شاعری کا موضوع رہے ہیں۔ "مجاہد تلنگانہ" اور "انسان نہیں مر سکتا" ان کی مشہور زمانہ نظمیں ہیں۔ ویسے سلیمان اریب نے نظم اور غزل دونوں اصناف میں اپنے قلم کے جوہر دکھائے۔ سلیمان اریب نہ صرف نمائندہ شاعر تھے بلکہ لاجواب صحافی بھی تھے۔ انھوں نے ۱۹۵۵ء میں ماہ نامہ "صبا" جاری کیا جو انتہائی معیاری رسالہ تھا جو نہ صرف ہندوستان بلکہ پاکستان میں بھی شوق سے پڑھا جاتا تھا۔ جدید لہجہ کا یہ شاعر جس کی شاعری دکن میں برسوں گونجتی رہی ۱۹۷۰ء میں پیوندِ خاک ہو گیا۔

منتخب اشعار:

کبھی یہ پاسِ صداقت بھی منہ نہیں کھلتا
بہت عجیب ہے یہ داستانِ جرم و سزا

پھول اک ہاتھ میں لے کر وہ چلے آئے تو کیا
ہم نے پہلو میں جہنم کو دبا رکھا ہے

گر رہا ہوں مسلسل کچھ ایسے عالم میں
حیات دے کے مجھے جیسے کوئی بھول گیا

وہ ایک گوشۂ جنت جسے دکن کہیے
نگارِ شاعرِ بدنام کا وطن بھی ہے

مجھے تو چین سے رہنے دے اے دِل وحشی
کہ دشت بھی ہے ترے سامنے چمن بھی ہے

مجھ کو یہ بتایا ڈوبتے ستاروں نے
تلخ کامیٔ شب میں لذتِ سحر بھی ہے

وقت آئے تو اٹھا لیتے ہیں تلوار بھی ہم
اب تیرے سایۂ گیسو میں غزل گاتے ہیں

ہے یہ کیسی بہارِ آزادی
ہر کلی چپ ہے پھول حیراں ہے

کہنی پڑی زمیں اسد میں غزل اریب
گو میں فلک پہ کہنے کا قائل نہیں رہا

نظم "مجاہد تلنگانہ"

نئی بہار کی یہ کون دے رہا ہے نوید
جلو میں کس کے چلا آرہا ہے دورِ سعید
ہیں ہم رکاب یہ کس نور کے مہ و خورشید
محاذ زیست پہ یہ کون ہو رہا ہے شہید
سلام تجھ پہ ائے فرزندِ انقلاب سلام
نقیب اِس اے دلبندِ انقلاب سلام
تری کُدال سے لرزاں ہے خواجگی کی اساس
ترے خیال سے ظلِّ اللہ کے گم ہیں حواس
ترے خیال سے طاری رُخِ شہی پہ ہراس
ترے جمالِ سحر سے شب و راز اُداس
مجاہدانہ یونہی بڑھ کے پھونک دے ایوان
کہ میر و خان سے انسان مانگتا ہے اماں
بہار میں بھی چمن سے سوگوار نہ رہا
کلی کلی کو ترا انتظام تھا نہ رہا
قرار بن کے فریب قرار تھا نہ رہا
یہ شکل مستی و نشہ خمار تھا نہ رہا
جھپٹ کے چہرۂ مکروہ سے نقابِ حسیں

بتادیا ہے یہ تو نے کہ زہر شہد نہیں
یہ لہلہاتی کھیتیاں یہ دشت یہ بن
یہ مرغ زار یہ رمنے یہ گل فروش چمن
یہ کان سیم بداماں یہ زف بکف معدن
یہ ارض حسن، یہ چاول کی سرزمینِ دکن
زمانہ کل ہی بتادے گا بہت یہ تیرا ہے
اگرچہ آج بھی رستوں پہ کچھ اندھیرا ہے

رباعیات

کونین سے بیگانہ بنادے ساقی
ہر پھول کو پیمانہ بنادے ساقی
میخانے سے باہر نہیں جانا ہے مجھے
دنیا ہی کو میخانہ بنادے ساقی

ہر مرحلہ دہر کو آساں کرلوں
مرنے کے لئے جینے کا ساماں کرلوں
چلتا ہوں مگر چلنے سے پہلے ائے موت
پیمانے کے ہر خط کو رگِ جاں کرلوں

بے دامن و بادیدۂ تر زندہ ہوں
آئینہ بکف خاک بسر زندہ ہوں
مجھ رندِ خرابات کو دیکھ اے دُنیا
ہر سانس پہ مرتا ہوں مگر زندہ ہوں

***

۹

خواجہ شوق

نام : خواجہ حسین شریف، قلمی نام : خواجہ شوق، پیدائش : ۲۹ جولائی ۱۹۲۴ء، تعلیم : علوم شرقیہ اور ادارہ فخریہ سے منشی فاضل، وفات : ۱۵ مارچ ۲۰۱۱ء، تلمیذ : مفتی اشرف علی اشرف، صفی اورنگ آبادی، کتابیں : " چشم نگراں، (شعری مجموعہ) " صلِ علیٰ (نعتیہ منقبتی مجموعہ)، تین ایڈیشن شائع ہوئے۔ "سلمو السلما" (حمد نعت منقبت) کے دو ایڈیشن شائع ہوئے۔ تلنگانہ اردو اکیڈمی سے باوقار "مخدوم ایوارڈ" سے بھی نوازے گئے۔

خواجہ شوق نہ صرف غزل بلکہ نعت کے بھی بے مثال شاعر تھے۔ ان کی نعتیہ شاعری عالمی سطح پر بے حد پسند کی جاتی ہے۔ کلام میں گہرائی اور گیرائی ہے۔ خواجہ شوق کے لب و لہجے میں زندگی کے ماتھے کی شکنیں، عہد نو کا کرب، یاسیت کی تلخیوں کی پرچھائیاں ہیں جسے انہوں نے بڑے شائستہ اور تیکھے انداز میں اشعار میں ڈھالا ہے۔ خواجہ شوق نے اپنے تخلیقی شعور کو اتنی وسعت دی کہ ایک کائنات کو اپنی ذات کے اندر سمیٹ کر زماں و مکاں کی قیود سے آزاد کر دیا۔ غزلوں میں کلاسیکی مہک کے ساتھ عصر نو کی کڑواہٹ بھی ہے، زبان و بیان کی دلآویزی، انداز کا بانکپن

اور حقیقتوں کا عرفان بھی ہے۔ خواجہ شوق نے نعت گوئی میں تو کمال ہی کر دیا اور یہ کمال انہیں حبیب ؐ کبریا کی محبت سے حاصل ہوا۔ ان کے ذہن و دل میں آٹھوں پہر حبِ نبیؐ کے چراغ روشن رہتے تھے جن کی روشنی نے ان کی نعتوں کو منور کر دیا ہے۔ دنیا میں جہاں جہاں اردو کی بستیاں ہیں اور عاشقان رسولؐ موجود ہیں وہاں وہاں خواجہ شوق کی نعتیں عقیدت سے سنی اور پڑھی جاتی ہیں۔ خواجہ شوق کا حلقۂ تلامذہ بھی وسیع ہے۔ جن میں جلال عارف، اظہر قادری مرحوم، اطہر شرفی، سید شاہ ابو تراب قدیری (سجادہ نشین ہلکٹہ شریف) قاضی فاروق عارفی، ڈاکٹر طیب پاشاہ قادری، سید جنید حسینی، حافظ وجہ اللہ سبحانی اور مسرور عابدی (مسرور عابدی، حضرت عدیل کے انتقال کے بعد حضرت شوق سے رجوع ہوئے) قابل ذکر ہیں۔ خواجہ شوق کے تلامذہ اور چاہنے والوں نے "صلِ علیٰ نعت اکیڈیمی" قائم کی جس کے تحت ہر سال پابندی سے کل ہند نعتیہ مشاعرہ کا انعقاد عمل میں آتا ہے۔

منتخب اشعار

اک سنت رسولؐ بھی اب تک نہ مر سکی
کیسی وفات یہ تو مسلسل حیات ہے

دو چار معجزے ہوں تو مانے کو بشر
پوری حیات سلسلہ معجزات ہے

نام پاک شہؐ طیبہ میں وہ گہرائی ہے
چار حرفوں میں خدائی کی توانائی ہے

اپنے پاس اس کے سوا شوق رکھا ہی کیا ہے
دولت نعمت ہی پونجی ہے ہماری ساری
بڑی ٹھنڈی سزا دی وقت نے راحت پسندی کی
جو گھبراتے تھے مرنے سے وہ اب جینے سے ڈرتے ہیں
کئی ذہن رسا پردے کے پیچھے کام کرتے ہیں
وہی قابل نہیں جو لے کے خنجر سامنے آئے

آپ دیکھا کریں نہ آئینہ
ایک کے دو دکھائی دیتے ہیں
جان کر بھی اسے نہیں جانا
علم کی انتہا جہالت ہے
کسی آئین کی پابند نہیں دین ان کی
چاہتے ہیں تو خطاؤں پہ عطا کرتے ہیں
لو چراغوں کی شوق تیز کرو
رُخ بدلنے لگی ہوا اپنا
کبھی اشک چمکے کبھی درد چمکا
وہ کرتے ہیں کس کس ادا سے اشارے
شوق زنجیرِ عناصر مجھے کیا روکے گی
حکم کی دیر ہے زنداں سے رہا ہونے کو

غزل

ان کے اندازِ کرم خاص ہوا کرتے ہیں
دل بڑھانا ہو تو دل توڑ دیا کرتے ہیں
آرزوؤں کے بھی کیا کھیل ہوا کرتے ہیں
نقش بنتے ہیں اُبھرتے ہیں مٹا کرتے ہیں
اُن کا منشا ہے جسے وقت کہا کرتے ہیں
ورنہ حالات بھی انسان کو کیا کرتے ہیں
ہوش کی سانس بھی کھل کر نہیں لی جا سکتی
لوگ کیا جان کے جینے کی دعا کرتے ہیں
وقت پڑنے پہ ہر اک آدمی کُھل جاتا ہے
آزمائش کے مقامات ہوا کرتے ہیں
زینتِ جیب و گریباں ہیں نہ زیبِ کا کل
ہم ہیں وہ پھول جو بے فصل کھلا کرتے ہیں
شوق آنسو ہی زبانِ غم و آلام نہیں
کچھ تبسم بھی یہ مفہوم ادا کرتے ہیں

***

۱۰

سید نظیر علی عدیل

نام: سید نظیر علی، قلمی نام: نظیر علی عدیل، پیدائش : ۲۷ جولائی ۱۹۲۵ء، وفات: ۲۰ نومبر ۱۹۹۵ء دوشنبہ، تعلیم: انٹر میڈیٹ، منشی فاضل (نظامیہ)، تلمیذ: امجد حیدرآبادی، صفی اورنگ آبادی، کتابیں: قوس قزح "(شعری مجموعہ)" نشاط الثانیہ (حمد و نعت)" محاورات عدیل "(محاوراتی اشعار)۔

امجد حیدرآبادی سے عروض کی تعلیم اور صفی اورنگ آبادی سے اکتساب فن نے نظیر علی عدیل کی شاعری کو اس قدر نکھارا کہ انہوں نے نہ صرف شاعری کی دنیا میں اپنا لوہا منوایا بلکہ استادی میں بھی اپنے گہرے نقوش ثبت کئے ہیں۔ زبان و بیان، محاورہ ہندی، سادگی و سلامت، ندرتِ خیال اور تغزل نے ان کے کلام میں جاذبیت بھر دی ہے۔ عروض پر دسترس اور مکتب صفی کی خصوصیات کے علاوہ جدت فکر کے باعث نظیر علی عدیل کی شاعری کلاسیکی اور جدید شاعری کے امتزاج کی عکاس ہے۔ نظیر علی عدیل کی شخصیت اور فن پر ڈاکٹر محمد عظمت اللہ خان نے سنٹرل یونیورسٹی آف حیدرآباد سے ایم فل بھی کیا ہے۔ پدم شری عزیز احمد خاں وارثی نے نظیر علی عدیل کے مذہبی کلام کے گراموفون ریکارڈ بھی پیش کئے جو آج

تک گشت کر رہے ہیں۔ مشہور حمد ندائے ارض و سمالا الہ اللہ، فقط خدا ہی خدا الا الہ اللہ اور نعت شریف قیامت اٹھانے کا مقصد رہو کچھ بھی مگر دیکھنے کی قیامت رہے گی اور مناجات مانگنے والے مانگ خدا سے اور ائے خالق عالم۔

نظیر علی عدیل کے تلامذہ ملک و بیرون ملک پھیلے ہوئے ہیں۔ جن میں راقم الحروف کے علاوہ شاہد عدیل، مسرور عابدی، راشد احمد راشد، ڈاکٹر راہی، ڈاکٹر غیاث عارف، ظفر فاروقی، احمد قاسمی، رؤف رحیم، گلی نلگنڈوی، اشہر ندیمی، خواجہ ضمیر، ضیا عرفان حسامی، مسعود جاوید ہاشمی، فکر نلگنڈوی، کبیر احمد شکیل، تنویر واحدی اور افضل تسلم قابل ذکر ہیں۔ راقم الحروف کو "جانشین عدیل" ملنے کا بھی شرف حاصل ہے۔ نظیر علی عدیل اپنے عہد کے واحد استادِ سخن تھے جو اپنے تلامذہ کو نہ صرف عروض کی تعلیم دیتے تھے بلکہ رموز و نکات بھی سمجھاتے تھے یہی وجہ ہے کہ ان کے بعض تلامذہ آج مسند استاذی پر فائز ہیں اور "دبستانِ عدیل" کے چراغ کو فروزاں کئے ہوئے ہیں۔

منتخب کلام

نہیں ہے اصل میں پت جھڑ یہ زرد پتوں کی
شجر بہار کے رستے میں زر بچھاتے ہیں

رستے ہوئے جھرنوں میں یہ پانی ہے کہاں کا
سینے میں زمیں کے کوئی چھالا تو نہیں ہے

دنیا میں اگر پھر آنا ہو دل لے کے نہیں آئیں گے عدیل
اک بات ہوئی تو سہہ لیں گے ہر بات میں دل آزاری ہے

جو غنچے کھلائے نہ گئے باد صبا سے
واقف تھے یقیناً وہ تبسم کی سزا سے

زندگی نے ساتھ چھوڑا موت لینے آگئی
اک در کے بند ہوتے ہی نیا اک در کھلا

کیا کہئے کیا ہوا ہے جب وہ جدا ہوا ہے
محشر پہ طنز کر کے محشر بپا ہوا ہے

ٹھہریئے کچھ دیر کا مہمان ہوں
دیکھ بھی لیجئے غروب آفتاب

قابل احترام ہے افلاس
یہ وہ شئے ہے نہیں خدا کے پاس

اےئ طور پھر ہو روشن ورنہ ہنسی اڑے گی
کس کا چراغ ہو کر کب سے بجھا ہوا ہے

وہ میرے خون کا پیاسا ہے کیا کیا جائے
اسی سے خون کا رشتہ ہے کیا کیا جائے

دم آخر وہ دیکھنے آئے
سو گئے ہم تو جاگ اٹھی تقدیر

دہک رہا ہے جہنم مری توقع پر
خدا کو مجھ پہ ترس آگیا تو کیا ہوگا

ہوتا ہے عجب ٹھاٹھ عدیل اہل جنوں کا
جنگل میں ہے منگل کبھی ویرانے میں ڈیرا

ہے اعتبار اگر جرم تو سزا دیجئے
گناہ گار نے رحمت پہ اعتبار کیا

ہنسی اڑائی تھی شاید کسی کے زخموں کی
صدی صدی سے سمندر نمک نمک ہے میاں

ڈوبتے ہی شام کو سورج کا کر وفر گیا
انتقاماً اپنی ساری ر وشنی لے کر گیا

ہے زیست سے بھی زیادہ سکون بخش عدیل
یہ انکشاف قضا کو گلے لگا کے ہوا

غزل

آج تک صدیوں سے جو ناقابل تسخیر ہے
سوچئے کیا چیز ہے وہ ؟ نعرۂ تکبیر ہے

قربتِ مژگاں و ابرو کی یہی تفسیر ہے
سیج پر تیروں کی اک لیٹی ہوئی شمشیر ہے

ہو نہ حیرت کیوں ؟ ہیں چپ آنسو ہی آنکھ میں

کس طرح محفوظ پانی میں تری تصویر ہے
پھر کماں میں لوٹ سکتا ہے کماں سے چھوٹ کر
ایک ہی ہے تیر ایسا وہ نظر کا تیر ہے
دیکھتی تک بھی نہیں مڑ کر مری عمر رواں
منہ پھرالینے کی شاید شرم دامن گیر ہے
کچھ تو اپنی آگ میں جلنے کا غم ہے شمع کو
کچھ تو پروانوں کو جلتا دیکھ کر دل گیر ہے
معترف غالب تھے اپنے دور میں تو کیا عدیل
میر تو اس دور میں بھی شاعروں کا میر ہے

***

۱۱

جہاں دار افسر

نام: میر محمد جہاں دار علی خان، قلمی نام: جہاں دار افسر، پیدائش : ۱۵ مئی ۱۹۲۵ء، وفات: ۱۳ جون ۲۰۰۶ء، تعلیم: ابتدائی تعلیم مدرسہ اعزہ، مدرسہ عالیہ میں بعد کا تعلیمی سلسلہ جاری رہا، آل سینٹس اور نظام کالج میں بھی تعلیم پائی۔ کتابیں: "کھلی آنکھوں کے خواب" (شعری مجموعہ)، صحافت سے وابستگی: "شیر دکن"، "پیام"، "سیاست"، "ہمارا اقدام"، "انگارے"۔ جوہر اور خورشید جیسے اخبارات میں خدمات انجام دیں۔ ۱۹۶۰ء اور ۱۹۵۶ء میں میونسپل کارپوریشن حیدرآباد کے کونسلر رہے اور مغلپورہ سے منتخب ہوئے۔ انعامات و اعزازات۔ (۱) بندہ نواز ایوارڈ گلبرگہ، صحافت اور شاعری پر دیا گیا (۲) آندھرا پردیش اردو اکیڈیمی نے صحافت پر ایوارڈ دیا (۳) ۱۹۹۴ء میں اردو اکیڈیمی نے مجموعی خدمات پر بھی ایوارڈ دیا۔

جہاں دار افسر ترقی پسند تحریک سے وابستہ تھے۔ ان کی شاعری میں کہیں بھی قافیہ پیمائی نظر نہیں آتی۔ ان کی شاعری میں انسانیت کا درد عیاں نظر آتا ہے۔ انہوں نے کبھی زندگی سے فرار کے احساس کو اپنے اندر نہیں پالا، نہ ترسیل و ابلاغ کے المیے سے دوچار رہے۔ جاگیردارانہ نظام کی زندگی بھر مخالفت کی، حالانکہ جہاں

دار افسر خود اس نظام کا ایک حصہ تھے۔ یعنی وہ حویلی میں پیدا ہوئے لیکن کرائے کے گھر میں زندگی گزاری۔ ان کے کلام میں سچائی اور زندگی کی تلخیوں کا گہرا احساس ملتا ہے۔ ان کی حقیقت پسندی اور سچائی نے ان کے کلام میں جاذبیت بھر دی ہے۔ نہایت منفرد اور دلنشین لہجہ ان کے کلام کا وصف خاص ہے۔ ان کی وراثت کو ان کے لائق فرزند ارجمند تجمل اظہر نے سنبھال کر رکھا ہے جو خود بھی لاجواب شاعر ہیں۔

منتخب اشعار:

تمنا، آس، حسرت، آرزو، ارمان بکتے ہیں
یہ سب کیا چیز ہیں اس دور میں ایمان بکتے ہیں

یہ ملاؤں کی منڈی ہے دکانیں ہیں دعاؤں کی
عقیدت رہن ہوتی ہے یہاں فیضان بکتے ہیں

جفا کا دور بنام وفا ملا ہے مجھے
کسے بتاؤں زمانے سے کیا ملا ہے مجھے

کہیں جو دل کبھی ٹوٹا ہوا ملا ہے مجھے
خدا گواہ وہیں پر خدا ملا ہے مجھے

غم کا جو ہو شعور تو غم بھی حیات ہے
حساس آدمی کو خموشی بھی بات ہے

کیوں بندگانِ عام سے یہ سخت امتحان
پروردگار یہ تو رسولوں کی بات ہے

قطعہ

جن کے آباء بصد جلال و حشم
خوشنما مقبروں میں سوتے ہیں
وہ بشر خانہ باس و ویرانی
سر چھپانے گھروں میں روتے ہیں

غزل

سر کو کہاں چھپاؤں بہت تیز دھوپ ہے
ملتی نہیں ہے چھاؤں بہت تیز دھوپ ہے
حالات کی تپش سے ہر اک شئے پگھل گئی
میں بھی جھلس نہ جاؤں بہت تیز دھوپ ہے
پاتے ہیں رہ روانِ چھاؤں جس جگہ
آئے گا کب وہ گاؤں بہت تیز دھوپ ہے
میں کم سواد دور ترے گیسوؤں کی چھاؤں
آؤں تو کیسے آؤں بہت تیز دھوپ ہے
ہر لمحہ ایک حشر کی تمہید بن گیا
کب تک میں تاب لاؤں بہت تیز دھوپ ہے
طئے کیسے ہو رہی ہے رہِ آرزو نہ پوچھو
جلتے ہیں دل کے پاؤں بہت تیز دھوپ ہے

افسر پہ ڈال اے تنِ بے سایہ اک ذرا
دامن کی اپنے چھاؤں بہت تیز دھوپ ہے

***

۱۲

محبوب علی خان اخگر

نام: محبوب علی خاں قادری، قلمی نام: محبوب علی خان اخگر، پیدائش : ۱۵ اگست ۱۹۲۶ء، وفات: ۱۸ جولائی ۲۰۱۵ء، تعلیم: میٹرک (سٹی کالج حیدرآباد)، منشی (جامعہ نظامیہ، تلمذ: غلام علی حاوی، کتابیں: "شعلہ سخن" (مجموعۂ کلام ۱۹۹۴ء)، تلامذۂ صفی اورنگ آبادی" ۱۹۹۱ ء "اصلاحات صفی اورنگ آبادی" ۱۹۹۳ء، " انشائے صفی اورنگ آبادی" ۱۹۹۱ ء، "اصلاحات صفی اورنگ آبادی" ۱۹۹۳ ء، "انشائے صفی اورنگ آبادی" ۱۹۹۶ء، "خمریاتِ صفی " ۱۹۹۵ء، "محاوراتِ صفی " ۱۹۹۸ ء، "کلیات صفی " ۲۰۰۰ ء "افکار صفی " ۲۰۰۵ ء۔ "صفی اورنگ آبادی مشاہیر کی نظر میں "۲۰۰۷-۰۸"، خیالات خاوی" ۱۹۹۲ء، "کلام جوہر ۲۰۰۳ء، "تذکرہ عارف "۱۹۹۷ء۔ ان کتابوں کے علاوہ دلائل الخیرات اور سیرت نبیؐ بھی شائع کیں۔ ایم فل کا مقالہ: "محبوب علی خان اخگر کی ادبی خدمات " مقالہ نگار: افضل بانو (یونیورسٹی آف حیدرآباد) ۲۰۰۵ء، "محبوب علی خان اخگر ایک مطالعہ " مولف: ڈاکٹر مق سلیم ۱۹۹۷ء۔

محبوب علی خان اخگر نہ صرف اچھے شاعر تھے بلکہ تحقیق میں بھی کارہائے

نمایاں انجام دیئے۔ ان کی شاعری میں سادگی، سلاست، پرکاری، معاملہ فہمی و محاورہ بندی کے ساتھ ساتھ بے ساختگی و بے تکلفی جو دبستانِ صفی اورنگ آبادی کی خصوصیات ہیں موجود ہیں۔ پروفیسر عنوان چشتی رقم طراز ہیں:

"اخگر کی غزلیں کلاسیکی دروبست، سنجیدہ افکار اور تہذیبی اقدار کی حامل ہوتی ہیں"۔ پروفیسر اشرف رفیع لکھتی ہیں"۔ اخگر کی غزل دبستانِ صفی کی روایات کی اہم کڑی ہے جس میں مذہبی، صوفیانہ اور اخلاقی مضامین کا تقدس صاف نظر آتا ہے"۔

محبوب علی خان اخگر نے جس جانفشانی سے گلستانِ صفی کی گل فشانی کی ہے اور حضرت صفی جیسے عظیم المرتبت شاعر کے گمشدہ قلمی جواہرات کو کتابوں کی شکل میں محفوظ کر کے دوام بخشا ہے وہ ان کے نام اور کام کو دوام بخشنے کافی ہے۔ تاریخ شعر و ادب میں محبوب علی خان اخگر کو "ماہر صفیات" کی حیثیت سے ہمیشہ یاد رکھا جائے گا۔ ان کے فرزند دل بند محمد جعفر علی خان فہیم نے اپنے والد کے سرمائے کو سجا کر رکھا ہے اور یادوں کو زندہ رکھا ہے۔

منتخب اشعار:

اس نے دل رکھنے کو بس اتنا کیا
وعدہ پورا کرنے کا وعدہ کیا

لے یہ آئینہ ہے اپنی بولتی آنکھوں سے پوچھ
شہر بھر میں کیوں مرے غم کا پکارا ہوگیا

اُدھر ہجوم ہے ساحل پہ خیر مقدم کو
ادھر بھنور میں سفینہ ہے کیا کیا جائے

دل چڑھے ان کو نیند آتی ہے
زخم جاگے تھے رات بھر کیلئے

ایک بوسیدہ سی کشتی سے لڑے جاتے ہیں
واہ کیا ظرف ہے بپھرے ہوئے طوفانوں کا

دیکھ کر اخگر کو فرمانے لگے
آگ لگ جاتی ہے اس کے نام سے

ضبطِ غم مشکل سے مشکل ہی سہی
سامنے روتے نہیں بیمار کے

صبح تارے فلک سے ہیں غائب
ان پہ صدقے اُتر گئے شاید

ہٹ کے در سے آپ کے در دوسرا تھا ہی نہیں
اور ہر جا جھکنے والا برا ماتھا ہی نہیں

جب کبھی میرے بھروسے کے سہارے چھوٹے
ساتھ ہی غیب سے "میں ہوں" کی صدا آئی ہے

خوش رہے دل یا رہینِ غم رہے
دم بھریں گے تیرا جب تک دم رہے

بڑی نسبت بڑی ہوتی ہے اخگر
مجھے شہرت ملی حضرت صفی سے

لیجئے بیمارِ غم دنیا سے چلتا ہوگیا
آپ نے چاہا تھا جیسا آج ویسا ہوگیا
دنیا اڑا نہ دے کہیں قامت کا مضحکہ
اپنا لباس قد کے برابر تلاش کر
وہ تو کہو کہ موت مرے کام آگئی
ممکن نہ تھا نباہ مرا زندگی کے ساتھ

غزل

روشن وفا کا نام تو کرجانے دیجئے
مرتا ہے کوئی آپ پہ مرجانے دیجئے
دل کو دکھایئے مگر اتنا رہے خیال
شیرازہ زیست کا نہ بکھر جانے دیجئے
اب حیات بخش سکندر ہی میں نہ تھا
افسوس کیا جناب خضر جانے دیجئے
کچھ دیر بے نقاب یونہی رہیئے بام پر
تاروں کو رخ پہ صدقے اُتر جانے دیجئے
رہ جایئے نہ زلف ہی اپنی سنوار کر
میرے نصیب کو بھی سنور جانے دیجئے

اخگر بضد ہے آہ تو کیوں روکتے ہیں آپ
خود ڈھونڈنے کو بابِ اثر جانے دیجئے

***

۱۳

وقار خلیل

نام: سید شاہ محمد خلیل الرحمن حسینی کوہ سوار، قلمی نام: وقار خلیل، پیدائش: ۲۹ اگست ۱۹۳۰ء، وفات: ۲ نومبر ۱۹۹۸ء، تعلیم: میٹرک، منشی، منشی فاضل (ویسٹرن یونیورسٹی جالندھر)، کتابیں: (۱) محمد قلی قطب شاہ کی جیون کہانی (۲) ورثہ (مجموعہ کلام) (۳) روشنی ہی روشنی (نامور شعراء کی نعتیں) (۴) "شاعری" (مجموعہ کلام) (۵) "سخن" (مجموعہ کلام)

وقار خلیل نہ صرف ممتاز شاعر تھے بلکہ بہترین ادیب اور صحافی بھی تھے۔ ان کی ادبی و صحافتی خدمات ناقابل فراموش ہیں۔ ۱۹۵۶ء سے ۱۹۹۸ء تک ڈاکٹر زور کے "ادارہ ادبیات اردو" اور ایوان اردو سے وابستہ رہے۔ ابتداء میں ماہنامہ "سب رس" کے مدیر اور آخر وقت تک اردو کے شعبہ امتحانات کے انچارج رہے۔ گوپی چند نارنگ رقم طراز ہیں:

"وقار خلیل کو میں سراپا رہین سعی اور عمل پیہم تصور کرتا ہوں۔ شاعری سے ان کی ایسی محبت ہے جو ان کی زندگی کے عملی پہلو کو تقویت پہنچاتی ہے۔"

وقار خلیل کے کلام میں ترقی پسند رجحانات، اخلاقی اقدار اور عصری احساسات

کا گہرا شعور ہے۔ وقار خلیل نے اپنی اردو خدمات، شاعری اور صحافت کے حوالے سے اردو کی ساری بستیوں میں اپنے ارتسامات ثبت کئے ہیں۔ وقار خلیل کے دو لائق و فائق فرزندان عقیل الرحمن اور عظیم الرحمن نے اپنے والد کی ادبی خدمات کو خراج عقیدت پیش کرنے اردو کا ایک خوبصورت پندرہ روزہ رسالہ "وقار ہند" جاری کیا جو مختصر عرصہ میں ہندوستان کا مقبول عام اردو رسالہ بن چکا ہے۔

منتخب اشعار:

بڑے جتن سے چھپا کر رکھا تھا ہم نے جسے
وہ ایک خواب بھی کم کم رہا ہے آنکھوں میں

راتوں کا کرب غم کا دھواں ساتھ ساتھ ہے
کیا کیجئے کہ شعلۂ جاں ساتھ ساتھ ہے

جب بھی یادوں کے تسلسل کی کوئی بات چلی
ہم نے دیکھا ہے کہ آنکھوں میں بھر آیا پانی

ہر آنکھ ایک فساد سنا رہی ہے وقار
کہانیوں کو ہماری نظر سے نسبت ہے

کبھی تو یوں بھی ہوا ہے کہ دل میں اُترا ہے
وہ اک خیال جو برہم رہا ہے آنکھوں میں

نظریں اُٹھتی ہیں تو مغموم دریچوں کی طرف
اور کیا دیکھتے خود اپنا ہی چہرہ دیکھیں

میں راہ چلتے ہوئے روز قتل ہوتا ہوں

عجیب وہم سا ہونے لگا ہے ایسا کیوں
ہر اک مصرع رخ انوار کو آئینہ دکھاتا ہے
تمہاری یاد میں جب ڈوب کر اشعار لکھتے ہیں

قطعہ

زندگی حرف نارسا ہے ابھی
یعنی خوابوں کی اک ردا ہے ابھی
ہاتھ اٹھاؤ دعا کرو لوگو
بابِ رحمت جو نسیم وا ہے ابھی

غزل

اس کی آواز سنیں روپ انوکھا دیکھیں
زینۂ شام سے مہتاب اُترتا دیکھیں
سوچتی آنکھوں نے ہر روپ بدلتے دیکھا
جھیل کے پار جو منظر ہے اسے کیا دیکھیں
ویسے مدت ہوئی خوشبو کا سفر ختم ہوا
راستے بھاگ رہے ہیں کہ تماشا دیکھیں
کتنے منظر تری آنکھوں نے دکھائے ہم کو
اب یہ سوچا ہے کہ دیکھیں تو اُجالا دیکھیں
لوگ کہتے ہیں کہ ٹوٹا ہے سرابوں کا طلسم

پیاس کے شہر سے گزرے ہیں تو دریا دیکھیں
مطلع ذہن پہ ظلمت کا تسلط ہے ابھی
روشنی تیز اگر ہو تو سویرا دیکھیں
شعر کہتے ہوئے کیا سوچتے رہتے ہو وقار
انجمن دیکھ چکے فرد کو تنہا دیکھیں

***

۱۴

مغنی تبسم

نام : محمد عبدالمغنی۔ قلمی نام : ڈاکٹر مغنی تبسم۔ پیدائش ۱۳ جون ۱۹۳۰ء۔ وفات : ۱۵ فروری ۲۰۱۲ء۔ تعلیم : پی ایچ ڈی۔ کتابیں (۱) نوائے تلخ (شعری مجموعہ)، (۲) پہلی کرن کا بوجھ (شعری مجموعہ)، (۳) مٹی مٹی میرا دل (شعری مجموعہ)، (۴) درد کے خیمے کے آس پاس (شعری مجموعہ)، (۵) فانی بدایونی حیات شخصیت اور شاعر (تحقیقی مقالہ)، (۶) نذر فانی بدایونی (تالیف)، (۷) فانی کی نادر تحریریں (تالیف)، (۸) فکر اقبال (تالیف)، (۹) کہانیاں (تالیف)، (۱۰) بازیافت (تنقید)، (۱۱) آواز اور آدمی (تنقید)، (۱۲) لفظوں کے آگے (تنقید)، (۱۳) شادی کی آخری سالگرہ (ترجمہ)، (۱۴) کہانی اور اس کا فن (ترجمہ)، (۱۵) تلگو ادب کی تاریخ پر ایک نظر (متفرق)، (۱۶) نکات اُردو (متفرق)، (۱۷) انگریزی میں معاصر ہندوستانی کہانیاں، (۱۸) عصری ہندوستانی کہانیاں، (۱۹) دکنی لغت و تذکرہ دکنی مخطوطات، (۲۰) ہندوستانی مسلمان سیاسی منزل کی تلاش، (۲۱) نذر مغنی تبسم (سلیمان اطہر جاوید)۔ انعامات و اعزازات : آندھرا پردیش، اترپردیش، مغربی بنگال اُردو اکیڈیمی سے انعامات، غالب ایوارڈ، ساہتیہ اکیڈیمی ایوارڈ، ۲۰۰۷ء میں

عالمی فروغ اُردو ایوارڈ قطر سے ملا۔

ڈاکٹر مغنی تبسم نہ صرف بہترین استاذ تھے بلکہ شاعر، نقاد، ادیب، دانشور اور ادارہ ادبیات اُردو کے ڈائرکٹر، مدیر (سب رس) اور شعر و حکمت کے شریک مدیر بھی تھے۔ ڈاکٹر مغنی تبسم نے آخری دم تک ادارہ ادبیات اُردو کو علم و ادب اور تحقیقات کا مرکز بنائے رکھا۔ علامہ اعجاز فرخ رقم طراز ہیں :

"وہ ایک بہترین شخصیت کے مالک تھے۔ کمرۂ جماعت میں تدریس کا ان کا ایک منفرد انداز تھا۔ تحقیق کا معیار ہمیشہ ان کے پیش نظر رہا۔ وہ ہمیشہ گہرے سمندر کی طرح دکھائی دیتے تھے۔ کم سے کم الفاظ میں معنی کے دریا بہا دینے کا فن اُنھیں خوب آتا تھا"۔

ڈاکٹر مغنی تبسم کے کئی شاگردوں نے بھی ادبی دنیا میں اپنی قابلیت کا لوہا منوایا ہے جن میں قابل ذکر اکبر علی بیگ مرحوم، محمد انورالدین اور بیگ احساس ہیں۔ حیدرآباد کی تدریسی اور ادبی تاریخ ڈاکٹر مغنی تبسم کو کبھی فراموش نہیں کرسکتی۔

منتخب اشعار

چھپا رکھا تھا یوں خود کو کمال میرا تھا
کسی پہ کھل نہیں پایا جو حال میرا تھا

اپنی تلاش ہے، ہمیں آنکھوں کے شہر میں
آئینہ جب سے اپنے مقابل نہیں رہا

دل سے جاتی نہیں ٹھہرے ہوئے قدموں کی صدا
آنکھ کے سوانگ رچا رکھا ہے بینائی کا

دروازے سب دل میں آکر کھلتے تھے
دیواریں چہروں کو دکھانے والی تھی
ملنا سفر کا اور بچھڑنا سفر کا ہے
دنیا تو رہ گزر ہے محفل نہ کہہ اسے
اسی نظر نے مجھے توڑ کر بکھیر دیا
اسی نظر نے بنایا تھا آئینہ مجھ کو
اب نہ وہ لمس نگاہوں کا نہ خوشبو کی صدا
دل نے دیکھا تھا مگر خواب شناسائی کا

تجھے اپنا سبھی کچھ سونپنا ہے
ترے دامن میں بھر جانا ہے مجھ کو
فضا میں نغمۂ آوازِ پا ہے میرے لئے کراں
کراں سے تابہ کراں اک ندا ہے میرے لئے

یوں لگتا ہے سب کچھ کھونے آیا تھا
میں اس گھر میں تجھ کو رونے آیا تھا
تو میرے ہمراہ تو آیا تھا لیکن
تنہائی کے کانٹے بونے آیا تھا
نام ہی رہ گیا اک انجمن آرائی کا

چھپ گیا چاند بھی اب تو شب تنہائی کا
اب آ کے کوئی رُلا دے تو روشنی آئے
بہت دنوں سے لہو جم رہا ہے آنکھوں میں
سونپ دی ہے اُسے تنہائی بھی
اب مجھے اپنی ضرورت نہ رہی
لوح اس کی ہے، قلم اُس کا، مقدر میرا
ہاتھ میرے ہیں دعاؤں میں اثر اس کا ہے
میں اپنے خوابوں کی دنیا میں کھویا رہا
کب تک رات ڈھلی کب چاند بجھا معلوم نہیں

غزل

گرنا نہیں ہے اور سنبھلنا نہیں ہے اب
بیٹھے ہیں رہ گزار پہ چلنا نہیں ہے اب
پچھلا پہر ہے شب کا سویرے کی خبر ہو
بجھتے ہوئے چراغ ہیں جلنا نہیں ہے اب
ہے آستیں سے کام نہ دامن سے کچھ غرض
پتھر بنے ہوئے ہیں پگھلنا نہیں ہے اب

منظر ٹھہر گیا ہے کوئی دل میں آن کر
دنیا کے ساتھ اس کو بدلنا نہیں ہے اب
لب آشنائے حرفِ تبسم نہیں رہے
دل کے لہو کو اشک میں ڈھلنا نہیں ہے اب

***

۱۵

تاج مہجور

نام: سید تاج الدین احمد، قلمی نام: تاج مہجور، تاریخ پیدائش : ۱۷ اپریل ۱۹۳۱ء، تاریخ وفات: ۱۷ فروری ۱۹۹۲ء، تعلیم: ایف اے (جامعہ عثمانیہ)، کتاب: "لمس کا صحرا" (شعری مجموعہ) ۱۹۹۶ء۔

جس زمانے میں مخدوم محی الدین، سلیمان اریب، خورشید احمد جامی اور عزیز قیسی جیسے مشہور زمانہ شعراء سے حیدرآباد کی شعری محفلوں کے چراغ روشن رہتے تھے، تاج مہجور بھی ان محفلوں میں مدعو کئے جاتے تھے اور اپنے اسلوب کی انفرادیت سے پہچانے جاتے تھے۔ ڈاکٹر یوسف اعظمی تاج مہجور کے مجموعہ کلام میں یوں رقم طراز ہیں:

"لمس کا صحرا جدید اظہار کا ایک خوبصورت شعری مرقع ہے۔ یہ اردو شاعری کی خوبصور آواز ہے۔ جن شعراء نے اردو نظم کے ارتقاء میں بھرپور حق ادا کیا ہے ان میں تاج مہجور کا نام نمایاں اہمیت کا حامل ہے"۔

تاج مہجور نظم اور غزل دونوں اصناف پر دسترس رکھتے تھے۔ ان کی نظموں میں زندگی کی سچائی کی تصویریں واضح نظر آتی ہیں۔ تاج مہجور کا تخلیقی تجربہ، لفظ،

آواز اور صورت گری کی بامعنی تثلیث سے تشکیل پایا ہے۔ تاج مہجور کی صحافتی اور شعری خدمات پر معراج سلطانہ نے حیدرآباد سنٹرل یونیورسٹی سے ایم فل کی ڈگری حاصل کی ہے۔ ان کے دو فرزندان فرخ شہریار اور الطاف شہریار نے اپنے والد کی شعری وراثت کو سنبھال کر رکھا ہے۔ فرزند اکبر فرخ شہریار نہ صرف اچھے شاعر ہیں بلکہ معتبر صحافی بھی ہیں۔ جدیدیت کے باب میں تاج مہجور کو حیدرآباد کی ادبی تاریخ میں ہمیشہ یاد رکھا جائے گا۔

منتخب اشعار :

نظروں کے یہ تیور لب و رخسار کا لہجہ
غنچوں میں چٹکنے لگا گلزار کا لہجہ
آنکھوں کی جل پری نے خیالوں کی ریت پر
نٹ کھٹ سمندروں کے گھروندے بنائے تھے

گھر کے آنگن سے بھی اٹھتا ہے غبار
صرف گلیوں ہی میں دھول اُڑتی نہیں
پتلیوں میں بٹھاکے ساری رات
صبح دم آنکھ سے اتاری رات

دل کی دھڑکن چاپ تمہارے کومل کومل قدموں کی
خوشبو خوشبو یاد تمہاری پھول تمہارا سایہ ہے
لپٹ کر اپنی گڑیا سے اجالوں میں جو روتی تھی

اندھیروں میں بکھر کر ٹوٹ کر آئی تھی وہ لڑکی
یہ وہم کی منزل ہے یا خواب کی وادی ہے
اک آشنا لہجے نے پھر دل کو صدا دی ہے
یہ محبت ہے مروت ہے کہ مفروضہ ہے
تجھ سے اک درد کا رشتہ ہے نہ جانے کیا ہے

یوں ٹھہر جاتا ہے احساسِ وجود
دن نکلتا ہے نہ شب ہوتی ہے
رو پڑیں پھر ذہن میں شہنائیاں
دیکھ کر آکاش کی ڈولی میں چاند

مدعی عشق کے چہروں ہی پہ مرتے دیکھے
راستے دل کے بدن ہی سے گزرتے دیکھے
آنکھوں میں کھٹکتے رہے روکے ہوئے آنسو
جوڑے میں مہکنے کو مہکتی تھی چمیلی

پھر ایسے کرب سے گزرے کوئی خدا نہ کرے
کہ آگ آگ جیئے اور راکھ راکھ مرے
تجھ کو بھی بے وفائی کرتی تھی
زندگی ! تجھ سے کی تھی آس بہت

نظم---"ملاقات"

تمہارے ہاتھ کی نرمی
تمہارے جسم کی آنچ
تمہارے قرب کی سیال چاندنی کی پھوار
برس رہی ہے ملاقات کی گھٹاؤں سے
تمہارا ہاتھ مرے ہاتھ میں ہے
لیکن ہم
یہاں سے دور بہت ہیں
جہاں مجھ کو
تمہاری کوئی خبر ہے، تمہیں نہ میرا پتہ
ہمارے بیچ میں حائل ہے لمس کا صحرا
تم اپنا ہاتھ چھڑا لو
کہ ہم قریب آجائیں

***

۱۶

قاضی انجم عارفی

نام: قاضی سید علی اکبر، قلمی نام: قاضی انجم عارفی، پیدائش : ۱۰ نومبر ۱۹۳۱ء، وفات : یکم ڈسمبر ۲۰۰۵ء، تعلیم : منشی، منشی فاضل، بی او ایل، ایم اے لینگویجس (عثمانیہ)، ملازمت: ناظر القضاۃ (آندھرا پردیش حیدر آباد)، سکریٹری انجمن قضاۃ، صدر قاضی (ہت نورہ تعلقہ نرسا پور ضلع میدک)، کتابیں: "انجم زار" (شعری مجموعہ)۲۰۰۱ء

محبت، مروت، اخوت، شرافت، صداقت، اخلاق، انکسار، تہذیب و ثقافت، یہ تمام اوصاف قاضی انجم عارفی کی شخصیت میں ضم تھے۔ ان کے والد قاضی میر لطف علی عارف ابو العلائی کا تعلق مشائخ گھرانے سے تھا۔ وہ اپنے وقت کے معتبر شاعر و ادیب تھے اور ۱۲ کتابوں کے مصنف و مولف تھے۔ انہیں استادِ شاہ فصاحت جنگ جلیل سے شرفِ تلمذ حاصل تھا۔ دینی و علمی گھرانے کے خاندانی اوصاف قاضی انجم عارفی کو ورثے میں ملے تھے، یہی وجہ تھی کہ وہ ہر دل عزیز تھے۔ ان کے مجموعہ کلام "انجم زار" میں نعتیں، غزلیں، نظمیں اور قطعات شامل ہیں۔ نعتیں رسول کریمؐ کی محبت میں ڈوبی ہوئی ہیں۔ غزلوں میں روایت کا حسن بھی ہے اور

عصری تلخیاں بھی ہیں۔ لہجے میں شائستگی و شرافت مسکراتی نظر آتی ہے۔ زبان میں سلاست و سادگی دل نشینی کی مظہر ہے۔ ڈاکٹر علی احمد جلیلی رقم طراز ہیں۔ انجم عارفی نے بڑی صلابت، سنجیدگی اور اعتدال پسندی کے ساتھ اپنا شعری سفر طئے کیا ہے جس میں جمالیات کے چراغ بھی روشن ہیں اور نئی غزل سے چھن کر آتے ہوئے اجمالوں کی دھوپ چھاؤں بھی ہے۔ قاضی انجم عارفی کے لائق فرزند ممتاز شاعر قاضی فاروق عارفی اپنے خاندانی اوصاف کے ساتھ اس ورثے کی حفاظت کر رہے ہیں۔ انھوں نے اپنے دادا میر لطف علی عارف ابوالعلائی کی یاد میں " قاضی عارف ابوالعلائی اکیڈیمی " قائم کی جس کے تحت نہ صرف جلسے اور مشاعرے منعقد کرتے ہیں بلکہ قاضی انجم عارفی اور ڈاکٹر امیر عارفی کے نام سے حیدرآباد کے معتبر شعراء و ادبا کو ایوارڈ بھی دیتے ہیں۔ قاضی فاروق عارفی وقف بورڈ میں ایک اچھے عہدے پر بھی فائز ہیں۔ قاضی انجم عارفی اپنے تمام اوصاف کے ساتھ آج بھی سینکڑوں دلوں میں زندہ ہیں۔

منتخب اشعار:

سرکارِ دوعالم کی کیا شانِ رسالت ہے
دنیا میں عنایت ہے محشر میں شفاعت ہے

ان کی آنکھوں میں نظر آتے ہیں انوارِ حرم
روز و شب دیکھ کے جو روضۂ اطہر آئے

فاصلہ ہے لمحوں کا موت و زندگانی میں
اک چراغ بجھتے ہی اک چراغ جلتا ہے

اپنوں کی بے رخی کی شکایت نہ کیجئے
تھا جس پہ ناز آج وہ تہذیب مرگئی

ہم نے احساس کی قندیل جلا رکھی ہے
ہم کو معلوم ہے کس وقت اندھیرا ہوگا

مرے عیوب مرے سامنے عیاں ہوں گے
حریف لوگوں سے رکھی ہے دوستی میں نے

خنجر سے کام لیتا ہے کوئی زبان سے
ہوتا ہے قاتلوں کا طریقہ الگ الگ

دیکھ پچھتائے گا بجھاکے مجھے
میں ترے شہر کا اجالا ہوں

قطعہ

رہِ حیات بہت خار زاد تھی لیکن
مسرتوں کا گلستاں بنادیا میں نے
جہاں جہاں بھی اندھیروں کا راج تھا انجم
وہیں چراغِ محبت جلادیا میں نے

غزل

جو گناہوں پہ شرمسار نہیں

لائقِ فضلِ کردگار نہیں
ہاں کبھی اختیار تھا اُن پر
اب تو خود پر بھی اختیار نہیں
ضبطِ غم کر کے مسکراتے ہیں
نم تو ہے آنکھ اشکبار نہیں
بدگمانی کا اب یہ عالم ہے
جیسے خود پر بھی اعتبار نہیں
ہیں گنہہ میرے بے حساب اگر
تیری رحمت کا بھی شمار نہیں
جب سے ہے انجم انتظار اپنا
پھر کسی کا بھی انتظار نہیں

***

۱۷

ڈاکٹر وحید اختر

نام: وحید اختر، قلمی نام: ڈاکٹر وحید اختر، پیدائش : ۱۲ اگست ۱۹۳۵ء، وفات: ۱۳ ڈسمبر ۱۹۹۶ء، تعلیم : ایم اے پی ایچ ڈی، کتابیں : (۱) "پتھروں کے مغنی" (مجموعہ کلام) (۲) "زنجیر کا نغمہ" مجموعہ کلام، (۳) خواجہ میر درد " (تصوف اور شاعری)، (۴) 'شب کارزمیہ" (۵) "کلیات وحید اختر" (تین جلدوں میں) (۶) "انتخاب کلام وحید اختر" (۷) فلسفہ اور ادبی تنقید" (۸) "کربلا تا کربلا"۔

ڈاکٹر وحید اختر ممتاز شاعر و نقاد تھے۔ علیگڑھ مسلم یونیورسٹی میں صدر شعبہ فلسفہ اور ڈین فیکلٹی آف آرٹس رہے۔ ابتداء میں ترقی پسند تحریک سے وابستہ رہے لیکن بعد میں جدیدیت کی طرف راغب ہوئے۔ انہوں نے جدیدیت کی تحریک کو نہ صرف اپنی شعری خدمات عطا کیں بلکہ اپنے مضامین کے ذریعہ بھی جدیدیت کی تعبیر و تشریح کی کوشش کی۔ مرثیوں کو بھی جدید طرز میں لکھ کر اس صنف کا دائرہ وسیع کیا۔ ڈاکٹر وحید اختر کی پہچان عام طور پر ان کی نظموں سے ہے۔ ان کی نظموں میں فکر و آہنگ کا توازن برقرار ہے۔ انہوں نے غزلوں میں کسی خاص صفت، موضوع یا اسلوب کو محدود نہیں کیا بلکہ اپنی بات کو زیادہ بلیغ بنانے کیلئے موقع اور

محل کا لحاظ رکھا۔ کہیں انہوں نے کلاسیکل شاعری کی مرصع زبان سے استفادہ کیا ہے اور کہیں بول چال کے آہنگ سے فائدہ اٹھایا ہے۔

منتخب اشعار:

تم گئے ساتھ اجالوں کا بھی جھوٹا ٹھہرا
روز و شب اپنا مقدر ہی اندھیرا ٹھہرا

برسی نہیں نغموں کی گھٹائیں کئی دن سے
سینکی نہیں مدماتی ہوائیں کئی دن سے

وہ جس ہے آواز کا دم ٹوٹ رہا ہے
ہر گیت کا ہر ساز کا دم ٹوٹ رہا ہے

یارب مری زبان کو قدرت بیاں کی دے
لب مصلحت کے بند ہیں جراءت بیاں کی دے

آخری منزل ہے سب کی نارسائی تشنگی
تیز گاموں نے بہت کی دشت پیمائی تو کیا

اپنے شعلوں سے اُگائی ہے ستاروں کی فصل
زخم در زخم چراغاں ہمیں ہر رات ملی

تھک گئے ہیں جو امیدوں کی کشاکش سے وحید
ناامیدی کی گھنی چھاؤں میں آرام کریں

حصارِ ذات سے نکلو تو انجمن ہر سو
چھٹے وطن تو سفر میں بھی ہے وطن ہر سو

زمیں کو دیکھتے ہیں لوگ خواب آلود آنکھوں سے
کہ جیسے آسماں سے خواب کی تعبیر اترے گی

دفتر لوح و قلم یا درغم کھلتا ہے
ہونٹ کھلتے ہیں تو اک باب ستم کھلتا ہے

رات بھر خواب کے دریا میں سویرا دیکھا
دن کے ساحل پہ جو اترے تو اندھیرا دیکھا

زبانِ خلق پہ آیا تو اک فسانہ ہوا
وہ لفظ صورت و صدا سے جو آشنا نہ ہوا

رباعیات

لب مصلحت اظہار کے سی لیتی ہے
خاموشی ریا کا زہر پی لیتی ہے
توفیق سخن حق کی ہے تائید وحید
میں بولوں تو سچائی بھی جی لیتی ہے

سن لیتی ہے گو عرش کا ارشاد زمیں
پر اپنے ہی نغمات سے ہے شاد زمیں
کردیتا اسے شوق عبادت ویراں
گر ذوق گنہ رکھتا نہ آباد زمیں

غزل

سفر ہی بعد سفر ہے تو کیوں نہ گھر جاؤں
ملیں جو گم شدہ راہیں تو لوٹ کر جاؤں
مسلسل ایک سی گردش سے ہے قیام اچھا
زمین ٹھہرے تو میں بھی کہیں ٹھہر جاؤں
سمیٹوں خود کو تو دنیا کو ہاتھ سے چھوڑوں
اثاثہ جمع کروں میں تو خود بکھر جاؤں
مری اڑان اگر مجھ کو نیچے آنے دے
تو آسمان کی گہرائی میں اتر جاؤں
صبا کے ساتھ ملا مجھ کو حکم در بدری
گلوں کی ضد ہے مزاج ان کا پوچھ کر جاؤں
کہاں اٹھائے پھروں بوجھ اپنے سر کا وحید
یہ جس کا قرض ہے اس کے ہی در پہ دھر جاؤں

***

۱۸

رضا وصفی

نام: سید رضا حسین، قلمی نام: رضا وصفی، پیدائش : ۱۹۳۵ء، وفات: ۱۱ ر اپریل ۱۹۹۶ء، کتابیں: "بوند بھر دریا" (۲۰۱۱ء) مجموعہ کلام۔

رضا وصفی حیدرآباد کے ان گنے چنے شعراء میں شمار ہوتے تھے جنہوں نے خوبصورت جدیدیت کو پروان چڑھایا۔ انہوں نے برہنہ حرف گوئی سے گریز کرتے ہوئے اشاروں کنایوں سے کام لیا اور معنویت کو چمکایا۔ رضا وصفی کی شاعری میں انفرادی جدیدیت ہے۔ انہوں نے صرف الفاظ کے نئے پن سے اپنے افکار کو نہیں چمکایا بلکہ فکر و احساس کی تازہ کاری نے ان کی شاعری میں تاثیر پیدا کر دی ہے۔ پروفیسر مغنی تبسم رقم طراز ہیں:

"رضا وصفی کی کائناتِ فکر و خیال وسیع ہے۔ ارضی زندگی کے تجربات سے لے کر مابعد اطبیاتی مسائل تک ان کے موضوعات کا دائرہ پھیلا ہوا ہے۔ رصا وصفی نے عصر حاضر کی زندگی کی صورت حال اور انسانی وجود پر اس کے اثرات کو جو تنہائی، اجنبیت اور خوف کے احساس کی صورت میں نمایاں ہوئے ہیں، بڑے ہی موثر انداز میں پیش کیا ہے"۔

رضا وصفی کی زندگی میں ان کا کوئی مجموعہ کلام منظر عام پر نہیں آیا لیکن ان کی وفات کے بعد ان کے بھتیجے سید طاہر حسین نے اپنے تایا رضا وصفی کے مجموعۂ کلام "بوند بھر دریا" کو ۲۰۱۱ء میں شائع کروایا۔ سید طاہر حسین نے اس مجموعۂ کلام کو انتہائی خوبصورت انداز میں آرٹ پیپر پر سنہری بارڈر کے ساتھ شائع کر کے ہزاروں میں ایک بنا دیا۔

منتخب اشعار:

جب تک خیال و خواب کے خانوں میں کچھ نہ تھا
میرا مقام میرے بیانوں میں کچھ نہ تھا

دکھی دل، دکھتی آنکھوں پر ہوا بھی بار ہوتی ہے
مہکتی ڈالیوں کو اس کا اندازہ نہیں ہوتا

کئی لاشوں کو دفنانا پڑے گا
کشادہ دل کا قبرستان رکھنا

کوئی خیال نہ تشہیر تھی نہ کوئی پیام
مرے قلم میں مری زندگی کے چھالے تھے

جو اندر ترے پھڑپھڑاتے ہیں وصفی
وہ سارے پرندوں کے پر کاٹ دینا

عقل ملفوف ہے لباسوں میں
اور جنوں بے لباس ہے اُس کا

حرف اور صوت کے مابین رہا کرتی ہے
وہ خموشی جو بہت شور بپا کرتی ہے

مرے اک شعر کا اس کو دکھا دو آنکھ بھر چہرہ
اگر آنکھوں نے اسکی بوند بھر دریا نہیں دیکھا
جو دلوں کے نرم گوشوں تک پہنچ سکتی نہیں
ایسی بینائی کو اندھی کھائی میں پھینک آیئے

غزل

نہیں ہے راس زمانے کا رکھ رکھاؤ مجھے
میں اک چٹائی ہوں محلوں میں مت بچھاؤ مجھے
ابھی تو قید ہوں میں اپنی گونج کے اندر
صدائیں دو نہ ابھی دور کی صداؤ مجھے
ادب ہوں اور نہ کوئی فلسفہ نہ منطق ہوں
میں اک حرف ہوں ہر درس میں پڑھاؤ مجھے
مرے سکوت نے بخشی ہے تم کو گویائی
بٹھاؤ سر پہ مرے شہر کی ہواؤ مجھے

سنوں تو کس کی سنوں کس کی سمت دوڑوں میں
یہاں تو ایک ہی آواز ہے بچاؤ مجھے
انا کی آگ ہوں شعلوں کا جسم ہوں وصفی
جلارہا ہے مری ذات کا الاؤ مجھے

***

۱۹

رؤف خلش

نام: سید رؤف، قلمی نام: رؤف خلش، پیدائش : ۴ جنوری ۱۹۴۱ء، تعلیم: ڈپلوما ان آر کیٹکچر (جواہر لعل نہرو ٹکنالوجیکل یونیورسٹی حیدرآباد)، کتابیں: "نئی رتوں کا سفر" (شعری مجموعہ ۱۹۷۹ء (۲) "صحرا صحرا اجنبی" (شعری مجموعہ) ۱۹۸۸ء (۳) شاخِ زیتون (شعری مجموعہ) ۱۹۹۸ء (۴) "شاخسانہ" (شعری مجموعہ ۲۰۰۷ء (۵) "حکایت نقد جاں کی" (مضامین و تبصرے) ۲۰۱۲ء (۶) تلخیص ابن الوقت" (تنقید و تبصرہ) ۲۰۱۴ء، ایوارڈ "کارنامۂ حیات ایوارڈ" ۲۰۱۵ء اردو اکیڈیمی تلنگانہ۔

رؤف خلش حیدرآباد کے جدید شعراء میں نمایاں مقام رکھتے ہیں۔ انہوں نے شاعری کے تبدیل ہوتے ہوئے منظر نامے، بدلتے اسلوب کو ایک نیا پن دیا ہے۔ جدید شاعری کی خشک ہواؤں اور تازہ جھونکوں میں رؤف خلش نے بھی اپنے احساسات کو روشن رکھا۔ علامتی اور استعاراتی اظہار نے ان کی غزلوں کی تہہ داری اور رمزیت میں اضافہ کیا ہے۔ انہوں نے مضامین کی جدت اور اظہار کی ندرت کے ساتھ جدید غزل کی تعمیر و تشکیل میں اہم رول ادا کیا ہے۔ ان کی شاعری میں اردو کی شعری روایت کا تسلسل اپنے تمام تر تہذیبی و سماجی تناظر کے

ساتھ ان کے انفرادی لہجے میں ڈھلتا ہے۔ رؤف خلش کی نظمیہ کائنات میں بھی ان کے انفرادی لہجے کی کھنک موجود ہے۔ ان کا کلام پڑھنے سے محسوس ہوتا ہے کہ جذبے بولتے ہیں، دھڑکنیں گویا ہوتی ہیں، زخم روشنی دیتے ہیں۔ منظر سے پس منظر ابھرتے ہیں۔

منتخب اشعار:

ہوا سے لڑنے میں ہم ٹوٹ پھوٹ جاتے ہیں
مگر فضا کو نئی دستکیں سناتے ہیں

غم کی دھوپ اترتے ہی کیوں پگھلنے لگتی ہے
یاد کے گھروندے میں موم کی بنی کھڑکی

زخموں کو پھول کردے، تنہائیوں کو مرہم
سو قربتوں پہ بھاری ہجرت کا ایک موسم

چھپنے کو شہر ذات بچا تھا مرے لئے
اس شہر میں بھی چاروں طرف آئینے لگے

تیری گفتار خلش اور قرینہ مانگے
بول میٹھے سہی لہجے میں ذرا تلخی ہے

چاہ کرتے ہیں تو کیا لوگ وفا کرتے ہیں
تم کہو شہر کی اب آب و ہوا کیسی ہے

بچھڑے ہوؤں کی یاد منانے میں لگ گئے
کیوں دل ہمارے پچھلے زمانے میں لگ گئے

اتنے اُڑے کہ دور اڑا لے گئی ہوا
اتنے جھکے کہ سانس انا کی اکھڑ گئی

کہیں ہجوم میں تنہائی مل گئی تھی مجھے
میں رو دیا تری یادوں سے گفتگو کر کے

اُترو خود اپنی ذات کی گہرائی میں خلش
اُبھرے جو اپنے آپ کو پانے کی آرزو

جذب کر کے رکھ لینا دستکیں ہتھیلی میں
جب سے میں سفر میں ہوں ہم سفر ہیں دروازے

اک جنگ تھی وہ گرمیٔ گفتار نہیں تھی
دونوں کی انا مٹنے کو تیار نہیں تھی

دھنک کے رنگ، سلگتے بدن، جواں خوشبو
یہ کیسے خواب میری نیند سے چرائے چاند

نظم "نیا مفہوم"

درد، مروت، رشتے ناطے
بچپن میں ان لفظوں کے کچھ معنی تھے
جیسے جیسے دن بیتے
ان لفظوں کے معنی بدلے

اب یہ دنیا عمر کی جس منزل میں ہے
لگتا ہے یہ سارے الفاظ
اندھے ہو کر
اپنے آپ کو ڈھونڈ رہے ہیں

غزل

بستیوں پر ہے مسلط نیند کا اک سائباں
جھوٹ پہرہ دے رہے ہیں قید ہیں سچائیاں
عمر کا حاصل یہی بوجھل قدم بوجھل سفر
پیٹھ پر لادے ہوئے کچھ خواہشوں کی گٹھریاں
کون سے منظر تھے آخر کس کو ننگا کر گئے
کس کے چہرے پر ملی ہیں وقت نے رسوائیاں
ان لہو کے موسموں کا اب تقاضا ہے یہی
خون سے لکھا کریں اس داستاں کی سرخیاں
خیریت پوچھو نہ تم باشندگانِ شہر کی
تم نے کیا دیکھیں نہیں اخبار کی وہ سرخیاں
ان میں کیا کھویا ہوا ورثہ تمہیں مل جائے گا
ڈھونڈتے ہو کیا خلش خوابوں کی بکھری دھجیاں

***

۲۰

اکبر الہ آبادی

نام: سید اکبر حسین رضوی، قلمی نام: اکبر الہ آبادی، پیدائش : ۱۶ نومبر ۱۸۴۶ء، وفات: ۱۹۲۱ء، تعلیم: ابتدائی تعلیم گھر پر ہوئی، اسکول میں داخلہ لیا لیکن ۱۸۵۷ء کے ہنگاموں کی وجہ سے تعلیم ترک کردی۔ خطابات: "لسان العصر"، "خان بہادر"، کتابیں: "کلیات اکبر الہ آبادی"، گنج نسیاں"، "رباعیات اکبر"، "انتخاب کلام اکبر"، "انتخاب اکبر الہ آبادی"، "مکاتب اکبر"، مہاکوی اکبر"، "گاندھی نامہ"، "عورت نامہ"، "اشعار اکبر"، "اکبر"، "اکبر اس دور میں"، "سر سید سے اکبر تک"، "روح اکبر"، "بزم اکبر"، "حج اکبر"، "قطعات و رباعیات"، "اکبر نامہ اکبر میری نظر میں"، "خطوط بنام خواجہ حسن نظامی"، "اکبر الہ آبادی کے لطیفے"۔

اکبر الہ آبادی نے مغربی تہذیب، مسلمانوں کی مغربی تہذیب سے قربت، معاشرے کے غلط رسم و رواج، اپنے عہد کی سیاست اور اس دور میں چلنے والی تحریکوں اور رجحانات کے خلاف اپنی طنز و ظرافت سے بھرپور شاعری کے ذریعہ شہرت حاصل کی اور ادب کی تاریخ میں "لسان العصر" کالقب حاصل کیا۔

فارسی، عربی اور انگریزی میں مہارت حاصل تھی۔ ان کی شاعری میں انسان کے احساسات و جذبات کی مکمل ترجمانی ملتی ہے۔ اکبر الہ آبادی اپنے دور میں مقبول شاعر تھے، ان کے اشعار عوام میں ضرب المثل بن گئے تھے اور آج بھی زبان زد عوام و خواص ہیں۔

منتخب شعار:

ہم آہ بھی کرتے ہیں تو ہو جاتے ہیں بدنام
وہ قتل بھی کرتے ہیں تو چرچا نہیں ہوتا

ہم ایسی کل کتابیں قابل ضبطی سمجھتے ہیں
کہ جن کو پڑھ کے لڑکے باپ کو خبطی سمجھتے ہیں

میں کیا کہوں احباب کیا کار نمایاں کر گئے
بی اے کیا نوکر ہوئے پنشن ملی اور مر گئے

بتاؤں آپ کو مرنے کے بعد کیا ہوگا
پلاؤ کھائیں گے احباب فاتحہ ہوگا

پڑجائیں مرے جسم پر لاکھ آبلے اکبر
پڑھ کر جو کوئی پھونک دے اپریل مئی جون

اس قدر تھا کھٹملوں کا چار پائی میں ہجوم
وصل کا دل سے مرے ارمان رخصت ہوگیا

طفل سے بو آئے کیا ماں باپ کے اطوار کی
دودھ تو ڈبے کا ہے تعلیم ہے سرکار کی

دختر زر نے اٹھا رکھی ہے آفت سر پر
خیریت گزری کہ انگور کو بیٹا نہ ہوا

قوم کے غم میں ڈنر کھاتے ہیں حکام کے ساتھ
رنج لیڈر کو بہت ہے مگر آرام کے ساتھ

نظم

نامہ نہ کوئی یار کا پیغام بھیجئے
اس فصل میں جو بھیجئے بس آم بھیجئے
ایسا ضرور ہو کہ انہیں رکھ کے کھا سکوں
پختہ اگرچہ بیس تو دس خام بھیجئے

قطعات

بے پردہ نظر آئیں مجھے چند بیبیاں
اکبر زمیں میں غیرت قومی سے گڑ گیا
پوچھا جو ان سے آپ کا پردہ کدھر گیا
کہنے لگیں کہ عقل پہ مردوں کی پڑ گیا

چھوڑ لٹریچر کو اپنی ہسٹری کو بھول جا
شیخ و مسجد سے تعلق ترک کر اسکول جا

چار دن کی زندگی ہے کوفت سے کیا فائدہ
کھا ڈبل روٹی، کلرکی کر خوشی سے پھول جا

رباعی

پوچھے جو کوئی برا یہ مضمون نہیں
کوئی پہلو خلافِ قانون نہیں
ہر چند کہ یہ مزے چکھاتا ہے بہت
شیطان کا کوئی شخص ممنون نہیں

***

یہ کتاب "**دکن کے شعراء : احوال و آثار**" دکن کی اردو شاعری کے منتخب نمائندہ شعرا پر مبنی بیس مضامین کا مجموعہ ہے، جو مختلف ادوار اور فکری رجحانات کی ترجمانی کرتے ہیں۔ مدیر کی حیثیت سے اس انتخاب میں اس امر کو پیشِ نظر رکھا گیا ہے کہ شامل شعرا دکن کی ادبی روایت کے تنوع، تسلسل اور ارتقا کی واضح تصویر پیش کریں۔ مضامین کی ترتیب، املا اور متن کی تدوین میں حتی المقدور اصل ماخذ کی صحت، اسلوب کی یکسانی اور حوالہ جاتی افادیت کو ملحوظ رکھا گیا ہے۔ یہ مجموعہ بالخصوص اردو ادب کے طلبہ، محققین اور اساتذہ کے لیے مرتب کیا گیا ہے، تاکہ دکن کی شعری خدمات کو ایک مربوط اور معتبر صورت میں پیش کیا جا سکے اور آئندہ تحقیقی کام کے لیے ایک مستحکم بنیاد فراہم ہو۔

مکرم نیاز